Les civilisations précolombiennes

HENRI LEHMANN

Professeur au Muséum national d'Histoire naturelle
(Musée de l'Homme)

Onzième édition mise à jour
par Marie-France FAUVET-BERTHELOT

71ᵉ mille

DU MÊME AUTEUR

Les céramiques précolombiennes, coll. « L'Œil du Connaisseur », Paris, PUF, 1959.
L'art précolombien, Paris, Éd. Charles Massin, 1960.
Aire mésoaméricaine, coll. « Le génie humain de la préhistoire au XXe siècle », Lausanne, Éd. Rencontre, 1965.
Architecture et sculpture, t. I, chap. 1er : L'Amérique précolombienne, coll. « Encyclopédie générale de l'Homme », Paris, Éd. Fernand Nathan, 1970.

ISBN 2 13 051934 2

Dépôt légal — 1re édition : 1953
11e édition mise à jour : 2001, mai

Introduction

LES CIVILISATIONS PRÉCOLOMBIENNES

Dès le début du XVIe siècle, quand se fut répandue par toute l'Europe la nouvelle de la découverte d'un nouveau continent, on manifesta une grande curiosité pour les objets que les premiers navigateurs rapportaient des terres lointaines. Cependant, ces pièces étaient si éloignées des formes conventionnelles de l'époque qu'on n'y voyait guère autre chose qu'un gaspillage extravagant de matières précieuses sur des colifichets de sauvages.

Le premier Européen à en discerner la valeur purement artistique fut le fameux peintre allemand Albrecht Dürer. En 1520, il eut l'occasion de voir à Anvers le « trésor » que le chef aztèque Montezuma avait remis à Cortez à l'intention du souverain de la Chrétienté, et que celui-ci – Charles Quint – avait tenu à montrer à ses vassaux des différentes villes de l'Empire. Dürer écrit à ce sujet dans son journal :

> J'ai vu aussi les choses qu'on rapporte au roi du nouveau pays de l'or : un soleil tout en or, large d'une toise ; mêmement une lune toute d'argent, aussi tant grande ; mêmement deux cabinets remplis d'armures semblables, mêmement de toutes sortes de leurs armes, boucliers, bombardes, armes de défense étonnantes, habillements curieux, accoutrements de nuit et toutes sortes de choses étonnantes à divers usages, beaucoup plus belles à voir que jamais furent choses étonnantes. Les dites choses étaient toutes précieuses, étant estimées à 100 000 florins. Et n'ai rien vu en ma vie qui eût réjoui mon cœur tant comme ces choses. Car j'y ai vu des objets artificiels étonnants et ai été étonné du génie subtil des hommes des pays étranges.

Depuis l'époque de Dürer nombreux sont les savants et les artistes qui ont rendu hommage aux Indiens d'Amérique. Cependant, il n'existe en français qu'un seul ouvrage traitant d'une manière extensive de l'archéologie précolombienne, celui de Beuchat. Publié en 1912, il fut considéré à l'époque comme une œuvre aussi pertinente que monumentale. Toutefois, l'américanisme n'a cessé de progresser depuis et le manuel de Beuchat est complètement périmé. Aucune mise à jour générale n'a été publiée en France.

Nous n'avons pas la prétention de combler cette lacune dans les limites étroites qui nous sont fixées ici. Pour donner une idée de l'état actuel des connaissances sur l'Amérique précolombienne, nous eussions même souhaité pouvoir nous appuyer sur une étude française moderne aussi exhaustive que celle de Beuchat. À défaut d'un ouvrage d'ensemble, nous avons dû avoir recours à de nombreuses publications sur des points particuliers et puiser dans des textes étrangers.

I. – Travaux archéologiques

Les travaux archéologiques effectués ces cinquante dernières années en Amérique ont entraîné une refonte totale de la chronologie des civilisations précolombiennes à laquelle avait abouti un siècle de recherches. Au Mexique, par exemple, on nomme maintenant « préclassiques » les civilisations qu'on avait d'abord qualifiées d'archaïques, puis de « moyennes » ou de formation. En Amérique du Sud, le cas de la civilisation de Tiahuanaco est encore plus éloquent : il y a quelques années, on la prenait pour une des plus anciennes du continent ; actuellement, on sait qu'elle s'est épanouie au cours du premier millénaire de notre ère.

Ces nouvelles conceptions ne doivent pas faire sous-estimer l'effort de nos devanciers ; aussi bien, c'est encore sur la base de leurs classifications qu'on travaille de nos jours. Au début, les données historiques étant totalement déficientes, la seule date certaine était celle de la Conquête. Graduellement, on est parvenu à jalonner la longue histoire de l'Amérique de points de repère de plus en plus précis. Les découvertes contemporaines sur la radioactivité de matières organiques telles que le charbon de bois, le bois ou les ossements permettent encore de réviser, cette fois peut-être définitivement, l'évaluation de l'âge des monuments.

La chasse aux vestiges précolombiens a commencé dès l'époque espagnole, mais ce n'est pas l'intérêt de la science qui guida les premiers fouilleurs. En rapportant la coutume indienne d'enterrer les chefs avec leurs trésors fabuleux, les chroniqueurs avaient suscité l'avidité d'aventuriers qui se mirent aussitôt à la recherche des tombes anciennes de la Colombie et du Pérou pour les vider du métal précieux qu'elles pouvaient contenir. Au Mexique même, et bien que les études s'y basent plus particulièrement sur la structure architecturale, des non-spécialistes se sont procuré nombre d'objets parmi les plus intéressants à des fins commerciales.

La première fouille scientifique en Amérique eut lieu dans la deuxième moitié du XVIIIe siècle. Envoyé au Pérou par Louis XVI, le médecin naturaliste français Eugène Dombey y séjourna de 1778 à 1785 et y fit des fouilles. Ses collections se trouvent à Paris, au Musée de l'Homme, et à Madrid. Au cours du XIXe siècle, d'autres archéologues : Angrand, de Cessac, Wiener, Ber, Charnay, ont constitué des collections péruviennes et mexicaines qui sont également au Musée de l'Homme. Cependant l'investigation archéologique resta plutôt anarchique jusqu'à la première guerre mondiale.

C'est au Pérou, avec les fouilles de Uhle, et au Mexique, spécialement à Teotihuacán, qu'on commença à travailler avec méthode. Les meilleurs exemples de fouilles scientifiquement menées sont celles de Caso et, plus tard, de Acosta et Bernal à Oaxaca, celles de Ruz L'Huillier à Palenque, des archéologues des Institutions Carnegie et Peabody et de l'Université de Pennsylvanie au Yucatan et au Guatemala, ainsi que celles de Vaillant dans la vallée de Mexico, de Heizer à La Venta, etc.

On distingue deux sortes de fouilles : 1) fouille des anciens édifices architecturaux tombés en ruine, qui se présentent sous l'aspect de monticules recouverts d'une végétation luxuriante ; et 2) fouilles aux abords des anciennes agglomérations, là où des quantités de détritus et objets de rebut ont été accumulés pendant des siècles. Dans le premier cas, on commence par éliminer la végétation et l'humus, puis on recherche les éléments de construction qui sont restés en place : fondations, pans de murs, etc. On les consolide et on reconstitue les parties de bâtiment qui en découlent logiquement. Pour fouiller un amas de détritus, on effectue une coupe du terrain qui permet d'étudier de haut en bas des dépôts de plus en plus anciens. Grâce à l'observation de tous les détails, grâce à une stratigraphie minutieuse, on parvient à distinguer les différentes phases de l'évolution industrielle et sociale en un même site.

Les connaissances acquises dans chacune des civilisations du Mexique et du Pérou permettent maintenant de dresser un tableau comparatif de ces deux groupes de civilisations (voir p. 8-9).

Pour des raisons d'ordre pratique, nous ne nous conformerons pas strictement à ce plan. Les périodes les plus anciennes, celles qui sont à la base du tableau, pour lesquelles le matériel n'est pas très abondant, seront décrites en même temps, en coupe horizontale si l'on peut dire, dans le chapitre de la préhistoire. À partir de l'époque de formation, nous préférons examiner la succession des civilisations dans chaque zone géographique, par colonnes verticales. Nous négligerons certaines périodes qui ne sont attestées que par quelques fragments de poteries ne permettant pas une reconstitution de leurs civilisations. Par contre, nous mentionnerons des civilisations pour lesquelles manquent encore des connaissances précises mais dont l'importance apparente justifie une description approximative. De toute façon, il ne s'agit ici que d'une chronologie provisoire qui devra être rectifiée au fur et à mesure des découvertes futures.

Disons tout de suite que l'emploi de la céramique devient général à partir de l'époque de formation. L'époque de la floraison ou classique correspond aux manifestations les plus brillantes des civilisations locales. Par la suite, on assiste à un expansionnisme pendant lequel les peuples les plus forts essayent de s'imposer et débordent les limites de leurs territoires. En même temps commence une certaine décadence caractérisée par des styles épigonaux. Finalement, quelques siècles à peine avant la conquête espagnole, c'est un impérialisme ou un militarisme (termes proposés par l'archéologue américain Duncan Strong) qui prend le dessus, aussi bien au Pérou qu'au Mexique.

La période préhistorique, avant l'établissement d'une agriculture, aurait duré plusieurs millénaires. L'époque formative aurait commencé quelque temps avant notre ère. La période classique se serait prolongée jusque vers l'an 1000. L'expansionnisme ou la fusion se serait terminé vers 1200 pour faire place à l'impérialisme auquel la conquête espagnole devait brutalement mettre un terme.

II. – Peuplement et préhistoire de l'Amérique

Avant d'aborder l'étude des différents peuples qui créèrent les grandes civilisations précolombiennes, parlons succinctement de leurs prédécesseurs. Et d'abord, demandera-t-on, comment le continent américain s'est-il peuplé ? S'agit-il d'une population autochtone qui s'est développée sur place, ou bien sommes-nous en présence d'immigrants venus d'autres parties du monde ? Dans ce cas, quand, comment et d'où ont-ils pu atteindre cette terre isolée ?

Parmi tous les investigateurs, seul l'Argentin Ameghino a soutenu l'hypothèse d'une population autochtone ; il a même prétendu prouver que l'espèce humaine était représentée en

Tableau I. — **Essai de corrélation chronologique des anciennes civilisations du Mexique, de la Colombie, de l'Équateur et du Pérou**

Époque	Vallée de Mexico	Oaxaca	Côte du Golfe	Maya h. : hautes terres. b. : basses terres. Y. : Yucatan. P. : région du Pacifique au Guatemala.
Coloniale.				
Impérialiste ou militariste.	**Aztèque 4**	**Monte Albán 5 (Mixtèque)**	**Cempoala**	**Mixco Viejo, h.** **Mayapan, Y.**
De fusion ou de la construction des villes.	**Aztèque 3** **Aztèque 2**		**Ile des Sacrifices**	**Plumbate, P.**
Expansionniste.	**Aztèque 1** **Toltèque 2** **(Mazapan)**	**Monte Albán 4**	**Panuco**	**Toltèque, Y.**
D'apogée ou classique.	**Toltèque 1 (Coyotlatelco)** **Teotihuacán 4** **Teotihuacán 3** **Teotihuacán 2**	**Monte Albán 3 *b*** **Monte Albán 3 *a* (Zapotèque)** **Monte Albán 2**	**El Tajín**	**Puuc, Chenes, Y.** **Amatle, h.** **Tepeu, b.** **S. Lucía, P.** **Esperanza, h.** **Tzacol, b.** **El Baul, P.**
De formation ou d'aurore des civilisations.	**Teotihuacán 1** **Ticomán, Cuicuilco** **Zacatenco**	**Monte Albán 1 (Olmèque)**	**La Venta (Olmèque)**	**Miraflores, h.** **Chicanel, b.** **Las Charcas, h.** **Mamóm, b.** **Cuadros, P.**
Du début de l'agriculture.	**Tlatilco** **El Arbolillo 1**	**San José Mogote**	**San Lorenzo**	**Ocos, P.**
Pré-agriculture.	**Tepexpan**		**Diablo Focus**	

Colombie	Équateur	Pérou Régions andines N. : Nord. C. : Central. S. : Sud.	Pérou Côtes Nord et centrale	Pérou Côte Sud	
					1521
Chibcha, Pueblito (Tairona)		Inca, N., S. et C.	Inca de la côte	Inca	
					1450
Popayán	Manteña, Milagro, Panzaleo 3 et 2	Revash N.	Chimu Chancay		
					1200
Muisca		Huari	Huari		
					1000
					800
Tierradentro Quimbaya		Cajamarca N.			
					500
Calima	Guangala La Tolita	Recuay N.	Lima Mochica		
					300
					0
Agustín Tumaco	Panzaleo 1				
					200
			Salinar		
				Paracas cavernas	500
Momil Malambo	Chorrera	Chavin	Ancon Cupisnique		
					1000
Barlovento			Guañape		
					1500
	Valdivia	Kotosh			
					2000
Puerto Hormiga			Huaca Prieta		
					3000
Nicolas de Bari Jobo (Venezuela)			San Pedro Chicama		

Amérique dès l'époque tertiaire ; mais ses idées ont été jugées si fantaisistes dans le monde savant que nous ne nous y arrêterons pas.

On ne trouve aucune trace en Amérique d'un homme d'une espèce primitive comparable au Pithécanthrope, au Sinanthrope ou au Néanderthalien. Les squelettes humains les plus anciens ne se distinguent guère de ceux des Indiens modernes.

Mais, dira-t-on, bon nombre de découvertes ont prouvé la contemporanéité en Amérique de l'homme et d'une faune éteinte depuis plusieurs centaines de milliers d'années. Mentionnons seulement pour mémoire celle d'un mastodonte en Équateur, au milieu d'un foyer renfermant des fragments de poteries ; celle d'ossements d'un jeune mastodonte à côté du crâne d'un cheval fossilisé et d'un squelette humain dans la caverne Confins, au Brésil. À Folsom, dans le Nouveau-Mexique, on a trouvé les restes d'un bison fossile *(Bison Taylori)* associés à des pointes de pierre ; à Russel Springs (Kansas), une pointe en silex sous l'omoplate d'un *Bison occidentalis*. En 1949, on a mis au jour un crâne humain à Tepexpan (vallée de Mexico), dans la même couche que les restes d'un éléphant. Cette fouille a été confirmée par la découverte dans le même terrain d'un squelette de mammouth, dans lequel étaient fichées plusieurs pointes de silex et d'obsidienne. À Lagoa Santa (Brésil) où huit cents cavernes ont été explorées, on a trouvé des ossements d'une faune fossile associés à des restes humains. Il semblerait donc que l'antiquité de l'homme américain ne le cède en rien à celle de l'homme des autres parties du monde.

Ceci serait exact si les grands animaux avaient disparu en même temps de la terre entière, ce qui est loin d'être prouvé. Il se peut même fort bien que quelques-unes des espèces préhistoriques se soient attardées en Amérique jusqu'aux débuts des Temps modernes. L'état de fraîcheur dans lequel on a trouvé la peau du grand paresseux de la caverne Eberhardt dans l'extrême sud de la Patagonie, ses excréments, si bien conservés, semblent confirmer cette thèse.

Dix à quinze mille ans, peut-être même trente mille, c'est là toute l'antiquité qu'on accorde généralement à l'homme américain. C'est peu par rapport aux cent mille ou cent vingt-cinq mille ans pendant lesquels différents types d'hommes auraient existé dans l'Ancien Monde ; c'est beaucoup si l'on se réfère aux grandes civilisations américaines dont aucune n'a probablement atteint son apogée avant le début de notre ère.

Si tout le monde est d'accord pour admettre le peuplement de l'Amérique par immigration, les opinions n'en sont pas moins divisées quant à l'origine des immigrants. Les uns leur attribuent une origine commune, les autres imaginent plutôt des mouvements de populations convergents, mais partis de différents points, qui se seraient produits sinon dans le même temps, du moins en vagues successives.

La configuration très spéciale du Nouveau Monde rend son accès difficile. L'unique passage relativement franchissable est le détroit de Béring et le chapelet des îles Aléoutiennes par où l'Amérique s'approche très près du continent asiatique, et il semble que la grande majorité des émigrants aient suivi cette route. Lorsque la préhistoire de la Sibérie sera mieux connue, il n'est pas impossible que nous y trouvions des traces de leur passage.

Nous sommes en droit de supposer qu'il y a eu plusieurs vagues de migrations venant d'Asie. L'une aurait amené l'élément dolichocéphale que nous trouvons du Brésil jusqu'en Patagonie. Une autre aurait apporté l'élément mongoloïde, constitué de brachycéphales de petite taille aux pommettes saillantes ; c'est de loin l'élément le plus important. Des brachycéphales de haute taille comme on en trouve parmi les populations de l'Amérique du Nord appartiendraient à une troisième vague d'immigrants. Les Esquimaux enfin sont les types les plus mongoloïdes d'Amérique.

Il serait d'ailleurs très hasardeux de tenter d'expliquer le peuplement de ce continent en se référant aux seuls éléments anthropologiques. Certes, un grand nombre de peuples d'Amérique possèdent des caractères mongoloïdes bien marqués : les pommettes saillantes, la couleur foncée des cheveux et des yeux, le teint brun-jaune ou brun-cuivre sont des traits communs aux Mongols et aux Amérindiens. Mais d'autres éléments mongols, comme les yeux bridés ou le nez retroussé, ne se rencontrent guère en Amérique. Par ailleurs, on y note des traces non asiatiques dues vraisemblablement à des apports différents.

Parallèlement aux anthropologues, les linguistes ont participé aux recherches sur le peuplement de l'Amérique. En aucune partie du monde il n'existe autant de langues différentes ; elles ont été réparties en un certain nombre de grandes familles linguistiques, sans qu'il fût possible d'arriver à un résultat pleinement satisfaisant, de nombreuses langues n'ayant trouvé place nulle part. On distingue aujourd'hui entre cent vingt et cent cinquante de ces familles, dont quelques-unes ont un rayonnement immense. Mais les écarts à l'intérieur de chacune d'entre elles sont parfois tels que des gens parlant deux langues différentes d'une même famille ne se comprennent pas.

Des concordances structurales ont été constatées entre certaines langues nord-asiatiques et américaines, mais elle ne s'étendent pas au vocabulaire.

*
* *

Parmi les plus anciennes manifestations de l'homme en Amérique il faut citer les pointes trouvées dans les environs du village de Folsom dans le Nouveau-Mexique. Ce sont des lames minces et appointées avec généralement sur les deux faces l'enlèvement d'un éclat longitudinal partant de la base. Les pointes de Yuma (Colorado) sont du même type, mais de formes plus variées ; leur base est pédonculée et parfois convexe. Le type d'industrie de Folsom et de Yuma se retrouve dans de nombreuses autres parties de l'Amérique du Nord. Associés aux pointes, on a trouvé des grattoirs, des couteaux, des perçoirs, des racloirs, en calcédoine, en quartzite, en agate, en chaille ou en jaspe. Des pointes plus frustes ont été trouvées dans la grotte de Sandia (Nouveau-

Mexique) ; probablement plus anciennes encore que celles de Folsom, elles sembleraient coïncider avec la dernière extension glaciaire. Les pointes de Folsom sont comparables à celles de Solutré qui datent du Paléolithique supérieur européen, mais il est impossible d'établir un rapport de temps entre les deux continents.

La civilisation de Cochise, site du sud de l'Arizona où en furent découverts les premiers éléments, est également très ancienne. Elle se manifeste surtout par des pierres plates à moudre avec les molettes correspondantes, des pilons de mortiers, des marteaux et des pierres de foyer. Les populations qui ont fabriqué ces outils se nourrissaient de végétaux et vivaient sur les rivages de lacs aujourd'hui desséchés. On a trouvé des vestiges identiques au centre du Texas et sur le littoral californien méridional. Cette civilisation a dû se répandre à travers le Mexique, jusqu'au nord de l'Amérique du Sud.

Pour ce qui est de ce dernier continent, on connaît une industrie lithique précéramique dans le nord de la Colombie à San Nicolas de Bari, sur le cours inférieur du rio Sinú, ainsi qu'au Venezuela dans le site El Jobo. Cette dernière semble remonter à 11 000 ans avant notre ère, d'après l'analyse de la radioactivité des matières trouvées dans le voisinage.

Nous sommes mieux renseignés sur la Patagonie, grâce à une fouille stratigraphique de première importance réalisée dans les cavernes Palli Aike et Fell, près du détroit de Magellan. C'est là que Junius Bird a trouvé cinq couches superposées d'habitat, la couche supérieure correspondant aux Indiens Ona modernes. La plus profonde, qui est séparée des autres par une couche stérile, contient des restes de guanacos, de paresseux géant et de cheval natif associés à une industrie lithique de pointes de javelines et de grattoirs d'une facture assez fruste, d'outils en os et d'objets cylindroïdes en lave. Les restes humains avaient été incinérés ; néanmoins il a été possible de reconstituer un crâne, qui est dolichocéphale et rappelle un peu le type de Lagoa Santa (Brésil). Cette fouille laisse d'ailleurs perplexe : le cheval, présent dans la couche inférieure, disparaît complètement jusqu'aux Temps modernes. On sait qu'il n'existait pas quand les Espagnols ont pris contact avec l'Amérique. Comment expliquer sa disparition ?

D'autres fouilles dans les gisements dits « kjökkenmöddings » de l'extrême sud, au canal Beagle, ont révélé la présence antique d'une population de pêcheurs qui fabriquaient des couteaux de coquillages, des pointes de harpon barbelées et des perles en os d'oiseaux. D'autres pêcheurs s'étaient installés sur les côtes du Chili, près de Arica et Taltal, où on a pu constater deux périodes différentes d'occupation. Aucune de ces premières populations ne fabriquait de poterie dans laquelle excelleront plus tard les grandes civilisations.

Sans connaître eux non plus la céramique, les premiers peuples dont on découvre la trace sur la côte du Pérou pratiquaient déjà un rudiment d'agriculture ; aussi pense-t-on qu'ils étaient peut-être contemporains des peuples à céramique d'autres régions. Jusqu'à présent, on a localisé cinq peuples sans céramique sur la côte péruvienne : à Puemape près de Pacasmayo, à Milagro et à Huaca Prieta dans la vallée de Chicama, à Cerro Prieto dans la vallée de Viru et à Aspero dans la vallée de Supe.

Huaca Prieta est le site le mieux connu ; une excellente fouille a établi que plusieurs peuples s'y sont succédé. La couche supérieure, la plus récente, est la seule où l'on ait trouvé des fragments de poterie. Les couches antérieures n'en contenaient pas, mais ont fourni assez de matériel pour qu'il soit possible de se faire une excellente représentation du genre de vie des peuples sans céramique. La population devait être assez dense. Les habitations, adossées à de grands blocs de pierre, étaient à moitié souterraines. La nourriture se composait principalement de poisson et de coquillages ; la cueillette de certaines plantes sauvages la complétait, ainsi que quelques cultures : achira (sorte de tubercule), calebassiers, haricots, piment, lúcuma (fruit). Le maïs, qui devait devenir l'aliment de base en Amérique, était encore inconnu. La cuisson des aliments se faisait à l'aide de pierres chauffées : on plaçait la pièce à cuire directement sur la pierre, ou bien on introduisait des pierres chaudes dans une calebasse pleine d'eau. Ce système de cuisson s'est conservé même après l'introduction de la céramique.

Les habitants de Huaca Prieta cultivaient aussi le coton, dont ils tressaient des filets de pêche. Ils filaient sans fusaïole. Le vrai tissage était encore très rare, mais ils se confectionnaient des vêtements en écorce battue. Pour tous ces travaux, ils employaient des grattoirs et des couteaux de silex obtenus par percussion, des poids de filets perforés et des aiguilles en os. Aux temps les plus reculés de cette civilisation, les morts étaient enterrés dans de simples fosses ; plus tard, on construisit des tombes voûtées en utilisant des blocs de pierre roulés.

*
* *

Entre les premiers habitants de l'Amérique que nous venons d'évoquer et ceux qui élaborèrent les grandes civilisations précolombiennes, des générations innombrables se sont succédé. Des milliers d'années d'établissement sur place furent nécessaires pour créer un terrain propice au développement des différents styles dont nous admirons aujourd'hui les vestiges.

III. – Aires culturelles

Les hautes civilisations précolombiennes se trouvent cantonnées au Mexique, en Amérique centrale, aux Antilles et à l'intérieur du système andin de l'Amérique

Carte 1. — Civilisations mésoaméricaines et circumcaribes

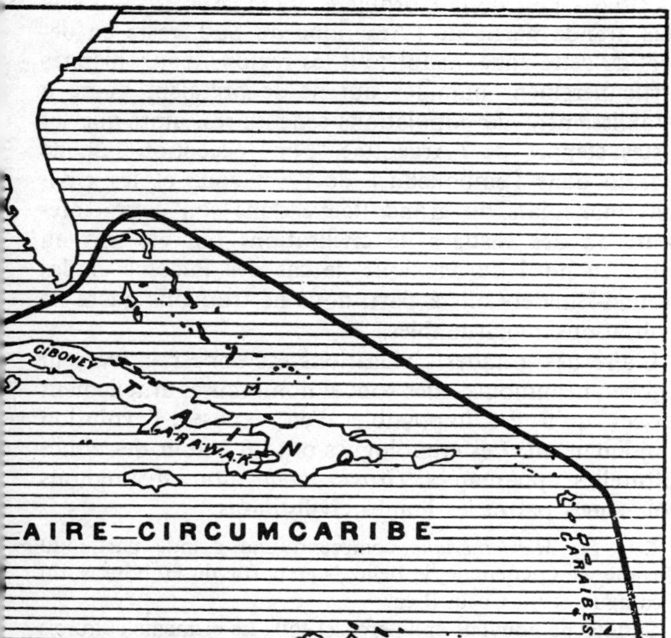
CIBONEY
TAINO
ARAWAK
AIRE CIRCUMCARIBE
CARAIBES
TAIRONA
Lac Valencia
ARAWAK
CHIRIQUÍ

du Sud : Colombie, Équateur, Pérou, Bolivie, une partie de l'Argentine et le nord du Chili. Tout ce qui est situé à l'est de la Cordillère orientale, c'est-à-dire la plus grande partie de l'Amérique du Sud, reste en dehors de cette zone, avant tout les régions amazoniennes particulièrement humides qui ne se prêtaient guère à l'établissement de populations sédentaires, ainsi que les vastes steppes de l'Argentine. Font exception l'île de Marajó dans l'embouchure de l'Amazone et les environs immédiats du grand fleuve dans son cours inférieur, où des vestiges de civilisations ont été mis au jour. Au nord du Mexique, le cas des Pueblos et des Mound-Builders mis à part, nous ne trouvons guère de civilisations remarquables.

L'aire des grandes civilisations est donc relativement limitée : néanmoins, elles sont si nombreuses et tellement variées qu'il est impossible d'en exposer l'évolution conjointement. Les ethnologues ont dû établir des zones culturelles apparentées. *Grosso modo,* nous distinguons trois zones parmi les hautes civilisations.

I. – *La Mésoamérique* comprend une grande partie du Mexique, le Guatemala, le Belice, une partie du Honduras, du Nicaragua et du Costa-Rica.

Si nous ne pouvons énumérer ici tous les éléments culturels communs à tous les peuples de cette zone, nous voudrions mentionner les plus importants sur lesquels nous reviendrons plus en détail lors de la description des différentes civilisations. On trouve partout la pyramide à escaliers, les patios couverts de stuc et les jeux de balle. Le système numérique vicésimal avec le mois de vingt jours, le double calendrier solaire et liturgique et les cycles de cinquante-deux ans sont de règle. On cultivait à peu près partout le cacao, le chia, le maguey (sorte d'agave), ce dernier servant à la fabrication du papier. Il existait une écriture hiéroglyphique employée dans des manuscrits connus sous le nom de codices qui sont des livres pliés en accordéon. Les armes étaient des sarbacanes avec pour munition des balles d'argile. Les sandales avaient des talons.

II. – *L'aire circumcaribe* avait son centre, le nom l'indique, dans la mer des Caraïbes. Elle comprend les Antilles, les pays méridionaux de l'Amérique centrale, Costa Rica et Panama et les côtes atlantiques de la Colombie et du Venezuela. Les limites vers le Sud passent par les Guyanes ; vers l'intérieur, elles sont assez imprécises.

Les éléments culturels typiques de cette zone sont beaucoup moins nombreux qu'en Mésoamérique ; la plupart se sont répandus ailleurs, comme la culture du manioc ou le travail de l'or et du tumbaga. L'absence de toute grande architecture en pierre est surprenante. Le travail du bois est caractéristique ; les ouvrages en bois les plus fréquents sont les sièges bas qu'on retrouve dans la zone andine, avant tout les « duho », sièges à dossier, ainsi que des bols.

III. – *L'aire andine* s'allonge dans toute la zone des Andes, de l'extrême nord du continent jusqu'au Chili, entre la Cordillère orientale et le Pacifique.

Fig. 1. — Relief d'un danseur
Monte Alban I (Olmèque)

Dans toute cette région, on retrouve le culte des morts, leur conservation en paquets et les tombes en forme de puits. La tête-trophée et une de ses formes, la tête réduite, le casse-tête étoilé, le travail du cuivre et du bronze sont typiques. On effectuait les calculs au moyen d'un système de nœuds disposés selon certaines règles et qu'on appelait « quipu ». Parmi les cultures d'origine andine, mentionnons la coca et la pomme de terre – cette dernière s'est maintenant répandue à peu près partout dans le monde.

Chapitre I

L'AIRE MÉSOAMÉRICAINE

Cette aire a été habitée par de nombreux peuples dont les descendants Nahua, Otomí, Totonaques, Zapotèques, Tarasques et Maya parlent encore actuellement les différentes langues.

Au XVIe siècle les Espagnols sont entrés en contact avec les Aztèques et les Maya, et les chroniqueurs ont décrit les civilisations de ces deux peuples, telles qu'elles se présentaient alors. Aussi sont-ils les plus connus de l'Amérique précolombienne. Mais les fouilles des dernières années permettent de connaître, tout au moins partiellement, l'évolution de ces civilisations et de celles qui s'étaient développées alentour.

I. – Le haut plateau mexicain

1. **Civilisations préclassiques.** – Il existe quelques évidences d'une occupation précéramique sur le haut plateau mexicain, dans la vallée de Tehuacán, à Valsequillo et à Santa Isabel Ixtapan, où l'on a découvert des espèces animales fossiles (mammouth...) associées à des pointes bifaciales. Mais on a trouvé surtout – et on y trouve encore – d'innombrables fragments de poterie très primitive et de petites idoles en terre cuite prouvant que des populations sédentaires et très denses ont longuement vécu dans ces parages à l'époque dite des « civilisations préclassiques ». S'il nous est encore impossible de la dater avec exactitude, du moins savons-nous qu'elle fut antérieure à notre ère ; en effet, deux localités appartenant

à ces civilisations, Copilco et Cuicuilco, ont été recouvertes par une coulée de lave résultant d'une éruption du volcan Xitli dont les géologues affirment qu'elle s'est produite il y a au minimum deux mille ans.

Les rives du lac Texcoco, où se trouve la ville actuelle de Mexico, semblent avoir exercé une attraction sur ces premières populations. Précisons que la superficie du lac a été fortement réduite depuis les temps anciens par des assèchements successifs et que son rivage actuel ne coïncide pas avec celui de l'époque précolombienne. À la limite de l'ancien rivage, l'archéologue américain George Vaillant a trouvé les traces d'agglomérations à Zacatenco, El Arbolillo et Ticomán. Il y a découvert des lieux de décharge où, génération après génération, ces anciens peuples ont jeté leurs ordures ménagères. La seule épaisseur de ces dépôts – l'un a plus de 8 m – apporte la preuve de l'occupation extrêmement prolongée d'un même site. De plus, ils furent de précieuses mines d'enseignement, livrant à la fouille de véritables couches de civilisations successives.

Vaillant a réuni un abondant matériel archéologique chronologiquement classé. L'étude comparative de ce matériel et de celui qui avait été auparavant trouvé à Copilco et à Cuicuilco a permis de grouper les objets en deux catégories : les objets de Zacatenco sont analogues à ceux de Copilco, tandis que Cuicuilco avait fourni un matériel plus évolué dont la réplique a été trouvée à Ticomán. On sait ainsi que les « civilisations préclassiques » englobent deux époques : la première, celle de Copilco-Zacatenco, a dû durer très longtemps, peut-être sept siècles ; la suivante, celle de Cuicuilco-Ticomán, a été plus brève, trois cents ans environ.

Les habitations de l'époque Copilco devaient être des huttes couvertes de chaume ; elles n'ont laissé aucune trace. Les gens de Cuicuilco au contraire avaient édifié une construction massive, de forme circulaire, ayant

123 m de diamètre à la base et une plate-forme à 20 m de haut supportant un autel. Ce bâtiment semble être la première construction en pierre du Mexique.

Le mode d'enterrement des morts différait selon les sites. Généralement, le mort est seul, soit en position allongée, soit les membres repliés. Les tombes d'enfants sont anormalement nombreuses. On trouve souvent auprès du mort des armes en pierre, lames, pointes, grattoirs en obsidienne, et des vases de formes très variées. La poterie comprend aussi de petites statuettes anthropomorphes, dont les détails sont obtenus par pastillage et par incision. Les figurines représentant des femmes sont remarquables par une stéatopygie accentuée : cuisses et fesses particulièrement développées tandis que les bras et les jambes sont de simples moignons.

Un nouveau style apparaît à la fin de cette époque. Les premiers spécimens en ont été découverts à quelques kilomètres de la capitale, dans une carrière d'argile de Tlatilco. Des figurines d'un style très évolué et d'un niveau artistique bien supérieur à celles de Zacatenco ou Ticomán ont été mises au jour. Les figurines de Tlatilco semblent avoir une certaine parenté avec des objets dus à un autre peuple du Mexique dont nous parlerons plus loin, les Olmèques. Ceux-ci avaient atteint très tôt un grand développement artistique et on a émis l'hypothèse que le peuple olmèque aurait été un des premiers à apporter la civilisation dans le haut plateau.

2. **Civilisation de Teotihuacán.** – Vers la fin des civilisations préclassiques, les styles qui s'étaient développés sur le rivage sud-ouest du lac de Texcoco firent leur apparition dans la zone nord-est, à Teotihuacán où, au cours des siècles suivants, pendant la période classique, allait s'épanouir une des plus grandioses civilisations dont la vallée de Mexico ait été le théâtre.

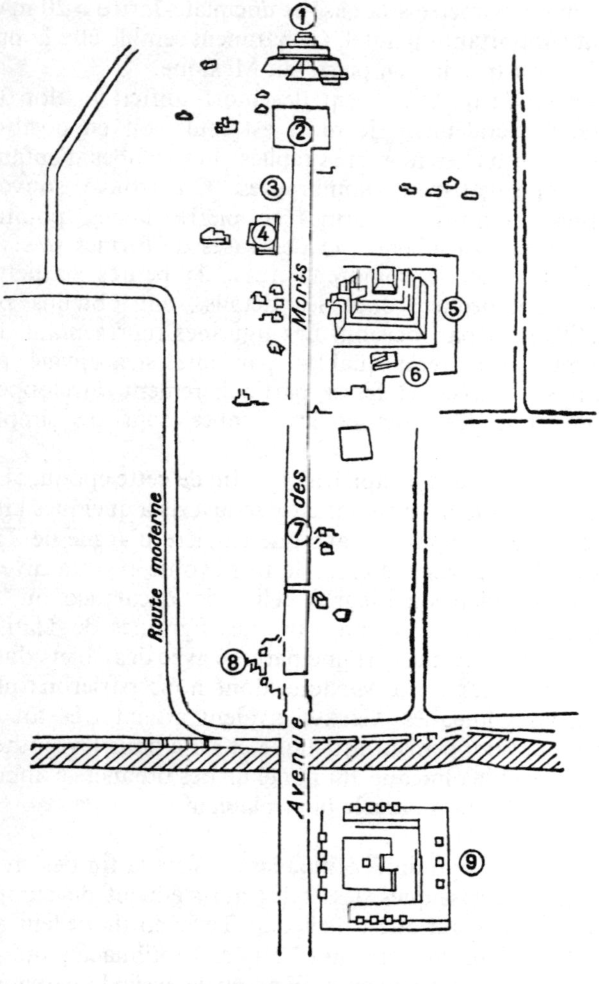

Fig. 2. — Plan de Teotihuacán

1. Pyramide de la Lune. — 2. Place de la Lune. — 3. Temple de l'Agriculture. — 4. Place des Colonnes. — 5. Pyramide du Soleil. — 6. Musée régional. — 7. Avenue des Morts. — 8. Édifices superposés. — 9. Citadelle.

On ne sait pas exactement quels en furent les créateurs ; on ignore leur nom et l'idiome qu'ils parlaient. On suppose seulement qu'ils venaient de quelque part sur la côte du golfe du Mexique ; certaines ressemblances stylistiques suggéreraient, comme à Tlatilco, une parenté avec les Olmèques. Quoi qu'il en soit, l'ensemble monumental de Teotihuacán témoigne de la richesse et de la complexité de la société qui lui a donné naissance.

Teotihuacán, cité religieuse, demeura florissante pendant six à huit cents ans. Elle fut construite en plusieurs étapes dans des styles nettement différenciés. Deux grandes pyramides, celle du Soleil et celle de la Lune, la dominent.

La pyramide mexicaine, à la différence de celle d'Égypte, est toujours tronquée. C'est en somme un terre-plein supportant un temple. Toutefois on connaît depuis quelques années plusieurs cas où la pyramide recouvre une tombe. La pyramide du Soleil de Teotihuacán, d'après les dernières évaluations, aurait été construite au début de notre ère. Avec ses 60 m de haut, elle se détache nettement de la cité qui s'allonge à ses pieds.

C'est une énorme masse de 1 300 000 m^3 de remblai mesurant 224 m de côté, flanquée sur sa paroi ouest d'un escalier conduisant à la plate-forme dont le temple est aujourd'hui détruit. Elle se trouve à l'est d'une avenue d'une quarantaine de mètres de large et de près de 2 km de long, qui, partant de la pyramide de la Lune, traverse toute la ville du nord au sud, bordée à droite et à gauche de constructions : pyramides avec ou sans temple, etc. C'est l'avenue des Morts[1] qui aboutit au sud devant un vaste bâtiment nommé la Ciudadela (la Citadelle).

Cette « Citadelle » est un quadrilatère délimité par quatre terrasses de 400 m de côté, enfermant un petit patio dans le-

1. Les noms ont été donnés aux édifices par les Aztèques ou par les Espagnols. Ils n'indiquent rien quant à leur destination originelle.

quel on pénètre par une ouverture pratiquée dans la terrasse occidentale. Sur les plates-formes et au centre du patio s'élèvent de petites pyramides à escaliers. Au fond du patio, on voit un édifice extrêmement intéressant : une pyramide à degrés qui, au cours des fouilles, s'est révélée construite par-dessus une autre plus ancienne. Afin de garder un spécimen de chacune des deux périodes de construction, les archéologues ont pratiqué une coupe dans l'épaisseur et dégagé la façade de l'ancienne pyramide. De telle sorte qu'actuellement, les deux bâtiments sont visibles : le nouveau de l'extérieur, et l'ancien dans le couloir pratiqué.

L'ancienne pyramide était elle aussi construite en degrés disposés en retrait les uns par rapport aux autres ; quatre subsistent sur les six qui la constituaient à l'origine. On l'appelle le Temple de Quetzalcoatl en raison des sculptures qui en ornent les parois et où dominent les représentations de ce dieu : têtes de serpent ornées de plumes, se détachant en ronde bosse, dont le corps porte, près des anneaux de sa queue de crotale, un masque stylisé de créature saurienne ou féline, longtemps interprété de façon erronée comme la représentation de Tlaloc.

La sculpture avait atteint un haut degré de perfection à Teotihuacán (fig. 3). Elle a produit un grand nombre de masques funéraires en pierres diverses, albâtre, calcédoine, diorite, porphyre, etc., aux traits réalistes et bien proportionnés, remarquables par leur force d'expression. Ces masques étaient fixés aux paquets contenant les morts, et sont en général perforés de trois ou quatre trous à cet effet.

Architectes et sculpteurs, les Teotihuacans étaient encore des peintres d'une grande habileté qui excellaient dans l'art de la fresque. Les fresques de Tepantitlan, localité située à un kilomètre du centre, sont d'un style extrêmement vif et témoignent d'une observation assidue de la nature. Elles renseignent en partie sur les activités quotidiennes de cette époque : on y trouve, entre autres, représentée la confection de galettes de maïs. À Atetelco, les soubassements de trois bâtiments sont décorés d'une

Fig. 3. — Chalchiuhtlicue, déesse de l'eau
Teotihuacán

frise de jaguars en camaïeu rouge. Au contraire, les fresques mises au jour à Tetitlan sont d'une inspiration qu'on pourrait presque qualifier de surréaliste. La principale représente une combinaison de mains aux ongles peints en rouge.

Si peu que nous connaissions la religion de Teotihuacán, il est vraisemblable que Tlaloc y fut, au moins pendant un temps, la principale divinité. On suppose qu'un temple, où l'on a trouvé un grand nombre de figurines portant ses attributs, lui était dédié ; les signes étranges gravés sur des dalles de pierre généralement connues sous le nom de « Croix de Teotihuacán » ne sont en réalité que des stylisations très poussées des attributs de ce dieu : motif des lèvres se terminant en une volute appelée « yacameztli », et crocs sortant de la bouche. Les fouilles du temple de Quetzalcoatl ont également livré de nombreux vases à l'effigie de Tlaloc. Enfin tout un cycle des fresques de Tepantitlan relate la mort et la survie dans le Tlalocan ou paradis de Tlaloc : le défunt s'approche en pleurant d'un fleuve qu'il traverse avant d'être admis au paradis, et des volutes fleuries peintes devant sa bouche indiquent qu'il chante les louanges du dieu.

À partir de Teotihuacán, le dieu Tlaloc se retrouve dans les manifestations artistiques de toutes les civilisations de l'ancien Mexique. Nous retrouverons également plus tard dans d'autres régions le serpent emplumé qu'on voit apparaître pour la première fois à Teotihuacán. En outre, on suppose qu'une des plus fameuses statues trouvées à Teotihuacán, à proximité de la pyramide de la Lune, représente la déesse de l'eau des Aztèques, Chalchiuhtlicue ; il est possible qu'elle ait été vénérée dès cette époque. Indépendamment de ces divinités nouvelles, le panthéon de Teotihuacán comprenait Huehueteotl, « le vieux-vieux dieu » ou dieu du Feu, qui est peut-être le plus ancien de tous.

3. **Civilisation toltèque.** – Le déclin des Teotihuacans, qui se produisit au VIIe siècle, reste jusqu'ici inexpliqué. Leurs monuments ne restèrent cependant pas sans emploi. Ils furent utilisés au Xe siècle par une tribu nahua qui, après avoir parcouru les steppes et les déserts du nord-ouest, se dispersa dans différentes localités dont Mazapan, aux portes de Teotihuacán, Colhuacán et Tula. C'étaient les Toltèques, peuple semi-légendaire qui devait laisser sa marque non seulement dans la vallée de

Mexico, mais aussi dans le Yucatán, et à qui on a longtemps attribué toutes les manifestations culturelles datant des époques antérieures aux Aztèques. Ce sont eux qui ont apporté les éléments définitifs de civilisation, en particulier le calendrier et des signes graphiques grâce auxquels ils ont enregistré des dates. Bien que ces dernières donnent encore lieu à controverse, nous entrons tout de même avec les Toltèques dans la période protohistorique de la vallée de Mexico.

Le chef et fondateur de la première dynastie, Mixcoatl, en arrivant dans la vallée, trouva d'autres tribus nahua installées déjà au sud et dans les États actuels de Morelos et de Guerrero ; il leur livra plusieurs batailles pour les en chasser, mais il fut assassiné en 935 – ou 947 – par un usurpateur du nom de Ihuitimal. Un fils lui était né peu de temps avant sa mort, « Ce Acatl Topiltzin » ; devenu adulte, celui-ci vengea son père en assassinant à son tour l'usurpateur, se fit reconnaître prêtre suprême et incarnation de Quetzalcoatl le serpent emplumé, et installa sa capitale à Tollan (Tula). Il y régna jusqu'en 987 – ou 999 – date à laquelle, selon la légende, il serait parti dans la direction du pays maya. Alors s'instaura à Tula, avec Matlacxochitl, une seconde dynastie dont le dernier représentant, d'après les données historiques, fut Huemac (1098-1188), bien qu'on mentionne encore en 1246 une défaite subie par les Toltèques à Colhuacán.

La capitale des Toltèques, Tula, fut, si l'on en juge d'après ses ruines et les figures gigantesques qui subsistent, une métropole impressionnante. La pyramide principale porte un temple consacré à Quetzalcoatl. Les murs nord et est sont décorés de sortes de métopes sculptées en bas-relief et disposées en plusieurs rangées. On y voit des représentations de Quetzalcoatl, des aigles, des urubus, des coyotes et des jaguars. Sur la terrasse supérieure de la pyramide se trouvent un certain nombre de caryatides formées de 4 pièces encastrées et mesurant au total 4,60 m. Elles représentent un guerrier richement vêtu et orné d'un pectoral en forme de papillon. Plusieurs piliers de même hauteur sont sculptés, sur les quatre faces, de guerriers en relief, généralement vus de profil, tenant en mains un propulseur et une épée courbe.

Une annexe de la pyramide, le « coatepantli » ou mur des serpents, est décorée d'une frise de reliefs polychromes représentant des serpents en train de dévorer un cadavre anthropomorphe à crâne décharné. Cette frise est encadrée de deux autres formées de grecques polychromes également.

Tula possédait deux stades pour le jeu de balle qui était déjà à cette époque très répandu au Mexique et qui s'est conservé jusqu'à nos jours au Nayarit. Tous les grands centres précolombiens ont un jeu de balle ; seul Teotihuacán fait exception. L'un de ceux de Tula a été fouillé et reconstruit ; c'est un court dont la forme schématique rappelle celle d'un T barré aux deux extrémités ; au milieu du court, des anneaux sont fixés sur les côtés. La partie se disputait entre deux équipes ; les joueurs lançaient une balle de caoutchouc au moyen des hanches ou des pieds sans jamais la toucher avec les mains, et s'efforçaient de la faire passer dans les anneaux. C'était un jeu de caractère rituel dont le résultat donnait lieu à des présages.

Xochicalco, qui semble avoir été un deuxième centre toltèque, a conservé différents bâtiments échelonnés à flanc de coteau ; tout en haut se dresse une pyramide dont les reliefs, d'un style beau et élégant, trahissent une influence mayoïde : personnages assis au front fuyant, vus de profil, alternant avec des motifs serpentiformes. Une inscription en relief, près de l'escalier central, représente deux dates enregistrées dans des caractères différents, l'une en maya avec des barres et des cercles, l'autre en nahua avec uniquement des cercles. Ce sont ces derniers caractères qui ont été employés par les Aztèques dans leurs inscriptions et manuscrits, ce qui permet de conclure que le système numérique maya, d'abord en usage, fut supplanté par le système nahua, employé pour la première fois à Xochicalco ; ainsi se trouve expliquée la tradition aztèque selon laquelle le calendrier, dans sa forme définitive, était l'œuvre des Toltèques[1].

1. Voir p. 44 et 59 à 61.

4. **Civilisation aztèque.** – Chaque fois qu'ils mentionnent les Toltèques, leurs héritiers, les Aztèques, le font dans les termes les plus élogieux. Ils avaient cependant activement contribué à leur déclin quand leur chef Huitzilopochtli leur avait livré une bataille sanglante au mont Coatepec, aux environs de Tula.

L'unité culturelle réalisée d'abord à Teotihuacán, puis en zone toltèque, s'était désagrégée à la suite de dissensions entre les tribus. Des Chichimèques, barbares venus du nord, avaient envahi la région qui connut une longue période trouble, marquée de guerres fratricides.

Alors s'établirent plusieurs cités-états : Colhuacán, Tenochtitlán, Texcoco, Azcapotzalco, Cholula. Colhuacán, qui avait été une des étapes des Toltèques, joua d'abord le rôle dirigeant ; puis les Colhua furent relayés par les Tépanèques qui, soutenus par les Tenochca, s'installèrent à Azcapotzalco. Ils avaient un chef resté fameux, Tezozomoc, qui s'attaqua aux habitants de Texcoco au bord du lac. Il réussit d'abord à les battre, mais, par la suite, les trois villes Tenochtitlán, Tlacopan et Texcoco se liguèrent pour se libérer du joug toujours plus pesant d'Azcapotzalco. La défaite des Tépanèques fut complète, leur chef Maxtla, fils de Tezozomoc, fut tué, leur ville incendiée.

Bien que toujours en guerre les unes contre les autres, ces différentes tribus étaient toutes plus ou moins parentes ; toutes parlaient le nahuatl, comme les Toltèques ; elles avaient les mêmes coutumes tribales, le même style en architecture et en sculpture. Nous ne parlerons ici que d'une seule, celle qui s'est imposée à toutes les autres et exerçait la suprématie dans la vallée de Mexico quand les Espagnols y pénétrèrent : les Tenochca.

Plusieurs manuscrits du XVIe siècle relatent leur origine plus ou moins légendaire : leur habitat ancestral, Aztlan, aurait été situé quelque part dans le nord-ouest du Mexique, peut-être au Michoacán. Dans une caverne, ils auraient trouvé l'idole du

« sorcier colibri », Huitzilopochtli, qui leur aurait donné de si précieux conseils qu'ils en avaient fait leur dieu tribal. Ils auraient commencé leur longue migration en compagnie d'autres tribus dont ils se seraient par la suite séparés. Au cours de leurs pérégrinations, ils s'arrêtèrent en plusieurs endroits du haut plateau, dont Tula et Zumpango. On relève leur trace à Chapultepec où ils vécurent paisiblement pendant plus d'une génération ; par la suite, et, semble-t-il, par leur faute, des guerres les opposèrent à leurs voisins et se terminèrent mal pour eux : ils furent pour la plupart exilés dans la lande stérile de Tizapan, infestée d'insectes et de serpents venimeux.

Des révoltés se réfugièrent sur les îles du lac de Texcoco où ils fondèrent en 1325 – ou, d'après le résultat des dernières études, en 1370 – la ville de Tenochtitlán, actuel Mexico, qui devint leur capitale (fig. 4).

Nous n'insisterons pas sur les vicissitudes de Tenochtitlán pendant les années qui suivirent. La conclusion de la triple alliance Tenochtitlán-Texcoco-Tlacopan est le point de départ de son ascension définitive. Avec l'écrasement des Tépanèques, les Tenochca affirmèrent leur suprématie militaire. C'étaient des guerriers extraordinairement audacieux. Armés de massues en bois incrustées latéralement d'éclats d'obsidienne dont ils se servaient pour l'attaque, et de boucliers ronds pour la défense, ils se lançaient dans le corps à corps avec une audace qui les rendait invincibles.

Sous la conduite d'Itzcoatl, ils commencèrent par soumettre la plupart des tribus encore indépendantes de la vallée. Puis Montezuma Ier, qui fut leur chef de 1440 à 1472, porta la guerre au-delà de la vallée vers la région de Puebla au sud. Le fils de Montezuma Ier, Axayacatl, conduisit son armée encore plus loin, jusqu'à Oaxaca ; il s'attaqua également aux Matlazinca et aux Tarasques à l'ouest, mais ces derniers, retranchés sur le lac Patzcuaro, lui infligèrent une cuisante défaite et restèrent indépendants. À Tizoc, mort empoisonné en 1486, succéda Ahuitzotl, qui alla guerroyer jusqu'au Guatemala. C'est sous le règne de Montezuma II, fils de Axayacatl, que les Espagnols arrivèrent au Mexique. Ils débarquèrent dans le port actuel de Veracruz et se dirigèrent immédiatement vers le

Fig. 4. — Plaque commémorative
de l'inauguration du grand temple de Tenochtitlán
8 Roseau = 1487

haut plateau. À mi-chemin, ils furent accueillis par les habitants de Tlaxcala qui, alors en guerre avec les Tenochca, se montrèrent tout disposés à conduire les étrangers jusqu'aux portes de Tenochtitlán.

Montezuma II, fait prisonnier par les conquérants, mourut en 1520. Les derniers chefs des Tenochca furent Cuitlahuac, dont le règne ne dura que quelques mois, et Cuauhtemoc, qui essaya vainement d'organiser la résistance contre les envahisseurs et fut pendu en 1523 ou 1524.

*
* *

À l'intérieur, l'organisation politique des Aztèques était démocratique. Les familles étaient réparties en clans patrilinéaires ou *calpulli.* Tenochtitlán comptait vingt clans groupés en quatre sections ou *phratries* à chacune desquelles était attribué un quartier particulier de la ville.

Le clan jouissait d'une certaine autonomie : il possédait en propre une divinité, un temple, des terres, et une administration élue. Son principal fonctionnaire, le *calpullec,* avait le rôle d'un secrétaire-trésorier : c'est à lui qu'incombait la tâche de maintenir l'équilibre économique.

Chaque clan envoyait un délégué au conseil suprême de Tenochtitlán. On appelait *tlatoani,* c'est-à-dire parleurs, les membres de ce conseil. Ils avaient des fonctions administratives, politiques et juridiques. Ils répartissaient les terres entre les clans, désignaient les parcelles dont le revenu devait couvrir les dépenses occasionnées par le culte, par l'État et par les guerres, et qui étaient cultivées en commun. C'étaient eux encore qui élisaient les quatre officiers commandant les forces militaires des quatre phratries de la cité.

Le chef suprême était choisi parmi ces quatre officiers. On l'appelait *tlacatecuhtli,* c'est-à-dire chef des hommes. Ses fonctions étaient presque exclusivement militaires, tandis que la politique intérieure des Tenochca était dirigée par le *cihuacoatl,* ou serpent femelle, dignitaire le plus important après le chef des hommes et qui généralement lui succédait à sa mort.

Théoriquement, le conseil suprême pouvait révoquer les deux grands chefs. En fait, il n'exerçait jamais ce droit ; il semble même qu'au moment de la conquête, le système politique des Aztèques s'était à peu près complètement transformé en une monarchie héréditaire. Les chroniqueurs donnent d'ailleurs au « chef des hommes » le titre de roi.

La juridiction aztèque était établie sur des bases solides. Le châtiment tendait avant tout à la réparation de l'offense. Le voleur devait restituer intégralement son vol, s'il ne voulait pas être condamné à l'esclavage ; les délits irréparables entraînaient la peine capitale : l'assassin était pendu, l'adultère était lapidée, le traître était écartelé. Étaient encore passibles de la peine de mort le voleur de maïs, d'or, d'argent ou de jade, l'inceste et le sorcier qui avait pratiqué la magie noire. Les diffamateurs se voyaient couper les lèvres et les oreilles.

La société aztèque se divisait en classes nettement différenciées. En haut de la hiérarchie, il y avait les nobles. Ils appartenaient à plusieurs catégories, chacune arborant un costume particulier : prêtres, membres de la famille du « chef des hommes » ou de son entourage immédiat, guerriers qui s'étaient distingués dans les batailles ; ces derniers pouvaient accéder à l'ordre des chevaliers-aigles ; ils recevaient quelquefois des terres dans les régions conquises ; mais les privilèges inhérents à la noblesse – dont le principal était l'exemption des impôts – ne leur étaient accordés qu'à titre personnel et ne se transmettaient pas aux descendants.

Le peuple comprenait les cultivateurs et les artisans. Chaque clan se consacrait à une activité particulière, et comme les clans recevaient une affectation bien délimitée à l'intérieur de la ville, les corporations s'y trouvaient réparties par quartiers : il y avait le quartier des orfèvres, celui de la mosaïque, celui des pierres précieuses, celui des plumes, etc.

Les serviteurs et les esclaves occupaient le dernier échelon de l'échelle sociale. C'étaient soit des descendants de populations soumises, soit des délinquants de droit commun, soit des prisonniers de guerre. Ces derniers étaient le plus souvent offerts en sacrifice aux dieux, mais quelques-uns étaient épargnés, surtout les ouvriers spécialisés. Les esclaves n'étaient pas maltraités, si bien que des paresseux, rebutés par les travaux fastidieux de la vie quotidienne, ou des gens du peuple très misérables, se plaçaient volontiers ou vendaient leurs enfants comme esclaves.

Les marchands, ou *pochteca*, formaient une classe à part. Ils voyageaient à travers le Mexique tout entier, emportant les produits du haut plateau pour les échanger contre ceux des terres chaudes. Mais leur activité débordait le cadre commercial. Dans les pays qu'ils parcouraient, ils se livraient à un espionnage intensif et rapportaient à Tenochtitlán tous les renseignements qu'ils avaient pu recueillir sur les forces militaires des tribus avoisinantes. Ils étaient ainsi de précieux auxiliaires pour les chefs militaires. En ville, ils avaient leur propre quartier et une divinité spéciale.

La continuité de cette organisation sociale rigide était assurée par un système d'éducation très strict dont le but principal était la formation professionnelle et civique de l'individu. Vers quinze ou seize ans, avant d'être considérés comme majeurs, les garçons devaient faire un stage dans une école. Il y avait deux sortes d'écoles : le *calmecac,* sorte de séminaire où étaient élevés les jeunes nobles et les jeunes gens qui devaient embrasser la carrière religieuse, et le *telpochcalli,* où l'on instruisait les enfants du peuple dans le maniement des armes, l'histoire, la religion et où on les préparait à remplir exactement le rôle qui leur était dévolu dans leur clan.

Les garçons pouvaient se marier à partir de vingt ans, les filles à seize. Avant de décider un mariage, on consultait un prêtre, pour savoir si les dieux étaient favorables au projet. Puis se déroulait un étrange manège : le père du jeune homme envoyait deux vieilles femmes offrir des cadeaux au père de la jeune fille ; en général, celui-ci commençait par refuser les présents, car leur valeur devait correspondre à celle de la dot de la jeune fille ; les vieilles femmes allaient et venaient entre les deux maisons jusqu'à ce que les parents tombassent d'accord. On fixait alors la date des noces. La veille, une des vénérables femmes transportait la fiancée sur son dos jusqu'à la porte du jeune homme ; le mariage était d'abord célébré symboliquement par une fête au cours de laquelle on absorbait une grande quantité d'une boisson enivrante appelée pulque ; le jeune couple jeûnait ensuite pendant quatre jours ; ce n'est qu'après cette période de purification que le mariage était consommé.

Le divorce était admis : un homme pouvait renvoyer sa femme si celle-ci ne lui donnait pas d'enfants ; une femme pouvait quitter son mari si celui-ci ne subvenait pas aux besoins de sa famille, ou même simplement s'il avait mauvais caractère. La femme divorcée avait le droit de se remarier à son choix ; mais la veuve était tenue de prendre pour second époux le frère de son mari défunt. Quant aux hommes, ils pouvaient avoir plusieurs femmes, mais la première épousée gardait une priorité sur les autres. Il était admis que les hommes aient, en dehors du mariage, des relations sexuelles avec d'autres femmes, à condition que celles-ci ne soient pas mariées ; la prostitution existait ; il arrivait fréquemment que les gens du peuple donnassent leurs filles aux nobles comme concubines.

Comme toutes les tribus aztèques, les Tenochca étaient, à l'origine, des agriculteurs. Se trouvant trop à l'étroit dans leur île pour y faire des cultures, ils imaginèrent de construire des *chinampas,* îles artificielles formées de boue amoncelée et fixée par des herbes et des arbustes, entre lesquelles l'eau circulait dans des canaux. Il existe encore à notre époque des *chinampas* à Xochimilco d'où proviennent la plupart des produits maraîchers consommés dans la capitale.

Les Aztèques connaissaient le maïs, différentes espèces de haricots, le *chia,* le melon, la vanille, le piment et les tomates, plusieurs variétés de coton. Ils cultivaient le cacao et en faisaient une sorte de bouillie qu'ils nommaient *chocolatl* – mot nahuatl que les Espagnols ont rapporté dans leurs bagages. Le maguey leur fournissait sa sève dont ils faisaient le pulque par fermentation, et les fibres textiles de ses feuilles. Enfin il y avait des plantations de tabac, celui-ci étant fumé dans les cérémonies religieuses.

L'élevage était très réduit. On élevait une espèce de chiens sans poils très appréciés pour leur viande. La seule volaille connue était le dindon. On mangeait des perdrix, des canards et des oies sauvages.

Une branche importante de l'économie était le commerce. Toutes les cités aztèques, et Tenochtitlán en particulier, avaient un marché très animé où se rencontraient des milliers de gens venus de très loin. La monnaie dans le sens moderne étant inconnue, on échangeait des produits. Leur plus ou moins grande rareté en déterminait la valeur : ainsi les pierres précieuses comme les jades, jadéites, néphrites et turquoises valaient plus que l'or. Pour faciliter les échanges, on faisait l'appoint avec des graines de cacao.

***

L'art des Aztèques est essentiellement religieux. Leur architecture se distingue considérablement de celle de Teotihuacán. La pyramide double de Tenochtitlán, détruite par les Espagnols, a été fouillée récemment. Ces vestiges donnent une image de son ancienne splendeur avec non moins de 11 superpositions, chacune correspondant à une certaine période. La véritable force artistique des Aztèques se manifeste dans la sculpture en pierre. C'est généralement une combinaison de signes symboliques avec des motifs plus ou moins réalistes. Parmi les plus célèbres citons le serpent emplumé Quetzalcoatl, Coatlicue, déesse de la Terre, Coyolxauqui, déesse de la Lune et le soi-disant « Calendrier Aztèque ».

On connaît d'assez nombreux manuscrits aztèques illustrés d'enluminures représentant des divinités et de signes se rapportant au calendrier. Il y a eu plusieurs écoles de peinture dont certaines ont atteint un niveau artistique très élevé. Le centre se trouvait probablement au sud de la zone aztèque dans la région appelée Mixteca. La peinture aztèque a survécu plusieurs dizaines d'années à la conquête, mais avec une influence espagnole marquée.

Dans les arts mineurs, la céramique a produit un grand nombre de statuettes représentant souvent des dieux lares comme Xochiquetzal, Quetzalcoatl, Xipe Totec, Chalchiuhtlicue, etc.

Le travail du bois a produit quelques chefs-d'œuvre comme les « tambours à langue » *(teponaztli)*, et les tambours verticaux *(huehuetl)*. Enfin, plusieurs musées d'Europe conservent de merveilleux spécimens de l'art décoratif aztèque : des mosaïques de jade et de turquoise qui recouvrent des masques, des crânes humains et des manches d'outils en bois.

*
* *

La civilisation des Aztèques, leur histoire, leur société, leurs arts ne peuvent s'expliquer qu'en corrélation étroite avec leur religion, religion tyrannique où ne se trouve aucun élément d'espérance ni même de vertu dans le sens chrétien.

Le principe qui domine le monde spirituel des Aztèques est le dualisme : lutte quotidienne du jour et de la nuit, du soleil et de la lune... Il est souvent concrétisé sous des formes inattendues : c'est ainsi que l'aigle s'oppose au jaguar, le premier incarnant la lumière, le second les ténèbres.

Le même dualisme sévit dans le panthéon aztèque. Les dieux ont été créés par Ometecutli et Omecihuatl – noms dont la traduction donne « 2 mâle » et « 2 femelle » (Ome = 2) – qui règnent dans le Omeyocan (« 2 lieu »). L'humanité a aussi deux créateurs : Tezcatlipoca et Quetzalcoatl, qui luttent l'un contre l'autre.

Tezcatlipoca, le « miroir fumant », vient du pays mixtèque[1] où il régnait sur les quatre directions avec, pour chacune, une couleur différente. De son lieu d'origine, son culte s'est répandu jusqu'à la vallée de Mexico, mais, en même temps, il a en quelque sorte éclaté : le Tezcatlipoca rouge de l'Ouest a pris le nom de Xipe Totec ; le bleu du Sud, celui de Huitzilopochtli ; le blanc de l'Est est devenu Quetzalcoatl ; seul le Tezcatlipoca noir du Nord a gardé son identité. Il est généralement représenté avec un seul pied, l'autre remplacé par une tête de serpent. C'est peut-être le dieu le plus puissant, celui qui se présente sous les formes les plus diverses ; il est la providence, l'inventeur du feu, il préside les beuveries et les banquets, il enlève la déesse des fleurs Xochiquetzal, femme du vieux Tlaloc, le dieu de la Pluie.

Celui-ci est encore un dieu étranger adopté par les Aztèques ; nous l'avons rencontré à Teotihuacán. À Tenochtitlán, son image se trouve dans le grand temple, à côté de celle de Huitzilopochtli, avec les attributs distinctifs, yeux entourés de cercles, grands crocs sortant de la bouche et ornement en volute recouvrant la lèvre supérieure.

Quant à Quetzalcoatl, qui en avait été le dieu tribal des Toltèques, les Aztèques, en l'adoptant, en ont fait le dieu de la vie et celui des jumeaux. Il est l'étoile du matin et aussi celle du soir, ce qui veut dire que les deux étoiles n'en sont qu'une, la planète Vénus, représentée le matin par Quetzalcoatl, le soir par son frère jumeau Xolotl. Mais ce n'est pas tout : Quetzalcoatl est encore le dieu du vent, et, dans ce cas, il a des attributs déterminés.

On le voit, la mythologie aztèque est d'une extrême complexité, conséquence des apports successifs des populations conquises dont les conceptions s'amalgamèrent plus ou moins bien avec celles de leurs conquérants.

1. Voir p. 70.

Les divinités sont innombrables ; en plus des créateurs et des grands dieux, il y en a pour les étoiles, pour la terre, pour la mort, pour la fertilité, la pluie, l'eau, le feu, pour la boisson cérémonielle appelée pulque, d'autres encore, par dizaines. Il est impossible d'en donner la liste complète dans les limites de cette étude. Mentionnons seulement quelques-unes de celles qui régissaient les éléments et la végétation et que, par conséquent les Aztèques tenaient beaucoup à se concilier.

Ils vénéraient tout spécialement deux divinités de l'eau ; Tlaloc était le plus puissant ; mais de nombreuses petites statuettes représentent aussi Chalchiuhtlicue, dont le nom : « Celle à la jupe en pierres précieuses », dit assez tout le prix qu'on attachait à la pluie dans ce pays qui connaît huit mois de sécheresse par an.

Le maïs dépendait aussi de deux divinités, l'une mâle, Cinteotl, l'autre femelle, Chicomecoatl (« 7 serpent ») ; cette dernière porte souvent des épis dans sa chevelure. Xochipilli et Xochiquetzal, divinités des fleurs, de la jeunesse et de la beauté, sont inséparables ; Xochiquetzal était peut-être la plus populaire, on a trouvé d'innombrables statuettes creuses à son image.

Enfin rappelons le dieu jeune personnifiant le printemps éternel, Xipe Totec, « Notre Seigneur l'écorché », ainsi appelé parce qu'il était revêtu de la peau d'un homme écorché.

Huitzilopochtli, le dieu tribal des Tenochca, est un nouveau venu. Il est à la fois le dieu de la guerre et une manifestation du Soleil, maître du monde. Tous les matins, il naît du sein de la Terre ; il meurt tous les soirs. Les étoiles ses frères et la lune sa sœur s'opposent à lui. Le Soleil a faim et soif ; seule la chair des ennemis le nourrit, seul le sang des ennemis le désaltère ; pour le rassasier, il faut régulièrement lui offrir des victimes sacrificielles choisies parmi les prisonniers. Ainsi s'explique que l'histoire des Aztèques soit une longue énumération de guerres : il leur fallait sans cesse renouveler leur stock de captifs.

Montezuma Ier apporta cependant un adoucissement relatif à la cruelle exigence de Huizilopochtli. Quand, la paix régnant, il lui arrivait de manquer de prisonniers pour les cérémonies religieuses, il organisait des tournois appelés « guerres fleuries » *(xochiyaoyotl)* ; les prêtres prenaient possession des vaincus pour les sacrifices, le dieu était apaisé et les frais de la guerre épargnés.

Les Toltèques offraient principalement des fleurs à leurs divinités. Ils pratiquaient aussi des sacrifices humains, mais à une échelle bien moindre que les Aztèques.

D'abord peu nombreux, les sacrifices se multiplièrent à partir du règne de Ahuitzotl. Au moment de la Conquête, aux dires des chroniqueurs espagnols, il ne se passait pas de jour où l'on ne sacrifiât au moins une personne.

Le sacrifice traditionnel le plus dramatique avait lieu une fois par an, le cinquième jour du mois, en l'honneur de Tezcatlipoca. Un an à l'avance les prêtres désignaient un jeune prisonnier pour représenter le dieu. Pendant l'année qui précédait la cérémonie, ils lui enseignaient les arts nobles, dont celui de jouer de la flûte d'argile. Il était vêtu d'habits somptueux et tout le monde le révérait comme l'image vivante du dieu. Au début du mois Toxcatl, on le mariait avec quatre vierges (qui portaient les noms des déesses Xochiquetzal, Xilonen, Atlatonan et Uixtociuatl). Plus approchait la date fatidique, plus les fêtes organisées en son honneur étaient fastueuses. Le jour venu, il s'embarquait avec ses compagnes sur un bateau qui le conduisait à une petite île où se trouvait le temple. Alors les femmes l'abandonnaient et il se dirigeait seul vers la pyramide. Lentement, il gravissait l'escalier, brisant successivement sur les marches toutes les flûtes qui lui avaient servi pendant l'année au cours de laquelle il avait personnifié le dieu. Aussitôt qu'il avait atteint la plate-forme du temple, quatre prêtres l'étendaient sur la pierre sacrificielle en lui maintenant les bras et les jambes ; un cinquième lui ouvrait prestement la poitrine avec un couteau de silex et, y plongeant la main, en arrachait le cœur qu'il tendait vers le ciel en offrande à la divinité (fig. 5). La fameuse « pierre du sacrifice », qui date du règne de Tizoc, est un vase énorme où l'on brûlait le cœur des victimes.

Les Aztèques procédaient encore à une autre forme de sacrifice humain qui peut se comparer au supplice des chrétiens livrés aux gladiateurs dans les arènes de la Rome antique. La victime devait combattre successivement, avec des armes factices, contre plusieurs guerriers bien armés ; si elle réussissait à se défendre contre le premier, elle tombait inévitablement sous les coups des suivants.

Fig. 5. — Coupe en pierre
servant à recevoir le sang des victimes sacrifiées

Toutes ces cérémonies étaient réglées d'après un calendrier liturgique appelé *Tonalpohualli* qui doublait le calendrier solaire en rapport avec la vie rurale. Ce double calendrier est comparable à celui des Maya dont nous parlerons longuement ultérieurement (fig. 6).

Chaque mois avait sa divinité et ses fêtes déterminées. Il existe plusieurs calendriers de l'époque précortésienne dont le plus fameux, le *Codex Borbonicus,* est conservé à la Bibliothèque de l'Assemblée nationale à Paris. Ils ne comportent aucun texte, uniquement des images, et le

Les signes des jours des Aztèques

Fig. 6

système en vigueur était si compliqué et les dessins si ésotériques, qu'on ne serait peut-être jamais parvenu à les lire, n'eussent été les annotations que les premiers chroniqueurs espagnols y ont portées, d'après les explications verbales des Aztèques eux-mêmes.

La grande « pierre du calendrier », qui fut érigée à Tenochtitlán sous le règne de Axayacatl, nous révèle, en hiéroglyphes sculptés, la conception aztèque de l'origine du monde. On y voit les représentations des quatre âges qui, pensaient les Aztèques, avaient précédé notre ère et qui avaient disparu dans des cataclysmes successifs. Le premier que présidait Tezcatlipoca s'appelait « 4 jaguar » ; les hommes et les géants de cette époque avaient été dévorés par des jaguars tandis que Tezcatlipoca se changeait en soleil. Le deuxième, « 4 vent », avec pour chef Quetzalcoatl, avait été détruit par des tempêtes et les hommes transformés en singes. Tlaloc dirigeait le troisième, « 4 pluie », qui avait été détruit par le feu. Chalchiuhtlicue, la déesse de l'eau, présidait le quatrième âge qui avait disparu dans un déluge et dont les hommes étaient devenus des poissons. Notre monde, appelé « 4 mouvement », devait être détruit à son tour par des tremblements de terre, et alors le soleil Tonatiuh qui nous contrôle disparaîtrait.

L'univers aztèque était divisé, sur le plan horizontal et verticalement, en plusieurs zones à signification religieuse. La division horizontale distinguait cinq directions : les quatre points cardinaux et le centre, chacune gouvernée par un dieu. Le dieu du Feu, le plus ancien du panthéon mexicain, Xiuhtecuhtli (autre nom du « vieux dieu » Huehueteotl que nous avons déjà rencontré chez les Teotihuacans), présidait le centre. Les autres directions avaient pour divinités : l'Est, Tlaloc, dieu de la pluie, et Mixcoatl, dieu des nuages ; le Sud, Xipe Totec, « notre Seigneur l'écorché », et Macuilxochitl, « 5 fleur » ; l'Ouest, Quetzalcoatl, « serpent orné de plumes de l'oiseau quetzal » ; le Nord, Mictlantecuhtli, dieu de la mort.

La division verticale distinguait treize mondes supérieurs et neuf mondes inférieurs. Les dieux vivaient dans les mondes supérieurs, le créateur dans le ciel le plus élevé. Les guerriers morts au combat ou sacrifiés et les femmes mortes en couches (on considérait qu'elles s'étaient sacrifiées pour mettre au monde de futurs guerriers) avaient accès dans des mondes supérieurs. Tous les autres morts allaient au Mictlan, le monde inférieur – qui ne correspond nullement à l'enfer chrétien, car toute idée de châtiment ou de récompense dans l'au-delà est absente de la religion aztèque. Avant d'arriver au Mictlan, les morts devaient subir une série d'épreuves au cours d'un terrifiant voyage de quatre jours : se préserver de serpents et de crocodiles, se glisser entre des montagnes branlantes, traverser des déserts, subir un vent chargé de lames de silex tranchantes, traverser une rivière sur le dos d'un chien rouge... Quand le trépassé se trouvait enfin en présence du dieu des morts, il lui fallait encore acheter son admission dans l'une des neuf régions avec les présents qu'à cet effet ses parents avaient déposés dans sa tombe.

Cette religion a exercé une emprise totale sur la tribu des Tenochca et absorbé la plus grande partie de son énergie. Les dieux régnaient tant sur l'État que sur l'individu. Du jour de sa naissance au jour de sa mort, celui-ci était implacablement assujetti à la discipline décrétée par les prêtres, seuls interprètes des dieux. Il n'y avait d'ailleurs pas de partage à proprement parler entre l'État et le clergé, l'organisation politique des Aztèques n'étant qu'une théocratie militaire.

Ce fut leur force : la tyrannie sanguinaire de leurs dieux les stimula de telle sorte qu'en quelques siècles ils réussirent à imposer leur régime de terreur à toute la vallée de Mexico et loin au-delà. Ce fut aussi leur perte : parmi les mythes toltèques transmis aux Aztèques, il y avait celui de Quetzalcoatl qui, sous sa forme de dieu civilisateur blanc portant la barbe, avait disparu à l'ouest, mais devait revenir par l'est ; Cortez survint ; il était blanc et portait la barbe ; nombreux furent ceux qui le prirent pour Quetzalcoatl revenu régner sur ses sujets ; une telle confusion s'ensuivit que quelques centaines d'Espagnols suffirent à venir à bout du peuple le plus belliqueux de l'Amérique.

II. – Côte du golfe du Mexique

Trois grands groupes de civilisations se sont développés sur la côte atlantique. On les désigne sous les noms de Olmèque, Totonaque et Huaxtèque.

1. **Civilisation olmèque.** – Le problème des Olmèques n'est pas encore résolu ; il semble toutefois que, parmi les grandes civilisations mexicaines, celle qu'on désigne sous le nom de Olmèque soit la plus ancienne. Au cours des fouilles de ces dernières années, on a constaté que la civilisation olmèque apparaît dans les couches les plus profondes de plusieurs centres archéologiques. Nous en avons déjà parlé à l'occasion de Tlatilco (près de Mexico), et de Teotihuacán[1]. Nous la mentionnerons également dans la description des plus anciennes couches de Monte Alban (pays zapotèque au sud) et dans celle du territoire maya[2]. Leur véritable centre se situerait sur la côte atlantique dans l'État de Tabasco où les grandes statues monolithiques, les têtes gigantesques de La Venta, qui comptent parmi les sculptures les plus extraordinaires des temps précolombiens, marqueraient l'apogée de leur art.

Une évolution de l'art olmèque a été relevée à Tres Zapotes (État de Veracruz) où des fouilles méthodiques ont démontré la présence prolongée de ce peuple.

Les personnages olmèques se distinguent par des joues boursouflées, un gros ventre et une expression particulière des lèvres appelée « bouche dédaigneuse ». Le « Gros Dieu » est typique. Une catégorie est connue sous le nom de « baby face ». Des statuettes de ces types en jade sont fréquentes et particulièrement appréciées des amateurs d'art précolombien.

Une statue de lutteur provenant de Uxpanapan (État de Veracruz) compte parmi les œuvres les plus parfaites

1. Voir p. 23 et 25.

2. Au Guatemala, sur la côte Pacifique (la Democracia et Santa Lucia Cozumalhuapa), ont été trouvées des sculptures de styles très personnels et vigoureux. Celles de La Democracia peuvent être rattachées aux Olmèques. Quant à Santa Lucia, tout ce qu'on sait de cette région, c'est qu'elle a été habitée plus tard par les Pipil de souche nahua.

Carte II. — Sites archéologiques des aires mésoaméricaine et circumcaribe

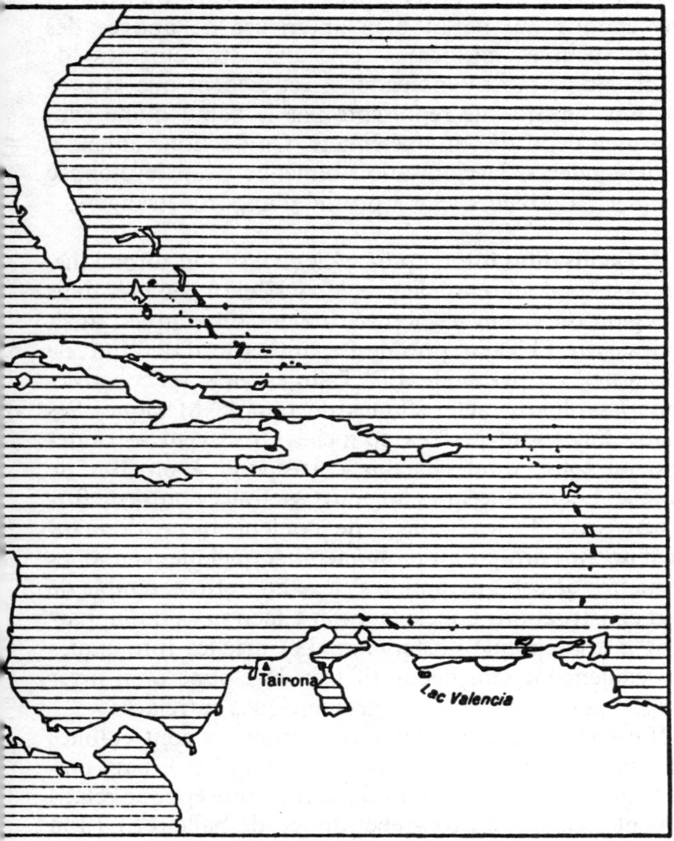
Tairona
Lac Valencia

de l'art mexicain ; elle peut être comparée aux meilleures sculptures de l'art grec.

L'extraordinaire développement de l'art olmèque à une époque qui paraît bien antérieure à l'apogée des autres peuples mexicains est une des énigmes de l'archéologie précolombienne. Il est évident que la production olmèque ne représente pas le début d'une évolution en dépit de son ancienneté. On est donc amené à se demander si la civilisation olmèque s'est développée sur place, ou bien si elle a profité d'apports étrangers.

2. **Civilisation totonaque.** – La civilisation totonaque, qui s'est épanouie entre le Vᵉ et le XIᵉ siècle à peu près dans la région où vivent les actuels Indiens totonaques, avait pour centre El Tajín, près de Papantla (nord de l'État de Veracruz). La pyramide d'El Tajín est une des constructions les plus caractéristiques de tout le Mexique. Ses quatre faces sont percées de niches, trois cent soixante-cinq au total, dont chacune correspond à un jour de l'année. Leur intérieur peint en rouge foncé contraste fortement avec l'encadrement de couleur bleue donnant ainsi un air baroque au monument. À quelques centaines de mètres de cette pyramide s'élève un autre ensemble de cinq constructions appelé le Tajín Chico mais qui appartient à une époque postérieure. Les artistes totonaques possédaient un sens décoratif très développé à en juger par les panneaux de motifs géométriques entrelacés.

Il est vraisemblable que des relations se sont établies au cours des temps entre la zone totonaque et le haut plateau, mais cela n'a dû se produire qu'à une époque relativement récente : un bas-relief du jeu de balle d'El Tajín représente un sacrifice humain tel qu'on le pratiquait seulement aux époques tardives dans la vallée de Mexico.

La plupart des objets totonaques connus ont été mis au jour accidentellement, de telle sorte que nous n'avons que des notions très imprécises sur cette civilisation. Les étranges pièces appelées « jougs » et « palmes » en raison de leur forme sont les plus typiques de ce peuple. Mais le polissage de la pierre et la perfection de la gravure font apparaître les Totonaques comme des sculpteurs très évolués. On a également trouvé trace des Totonaques dans l'île des Sacrifices, près de Veracruz, où une poterie peinte rappelle par son décor de motifs entrelacés les bas-reliefs de la pyramide du Tajín.

À la décadence du Tajín correspond le développement de Cempoala qui, par son architecture, se rapproche davantage des styles du haut plateau. En particulier, sa pyramide circulaire rappelle beaucoup celle de Calixtlahuaca (État de Mexico). La poterie présente des ressemblances avec celle de Cholula, généralement classée à l'époque aztèque.

3. **Civilisation huaxtèque.** – La civilisation huaxtèque est localisée au nord de celle des Totonaques. Son centre semble avoir été le cours du rio Pánuco. La langue des Huaxtèques actuels étant une langue maya, on pourrait croire que leur civilisation ancienne se rapprochait également de la maya. Il n'en est rien, et il faut supposer qu'ils se sont très tôt séparés de leur souche. Des fouilles stratigraphiques ont d'ailleurs révélé une occupation prolongée de la Huaxteca.

L'apogée de leur art, qui atteignit un grand raffinement, est de date relativement récente. Les statues en pierre sont caractéristiques par le traitement du détail ; elles sont couvertes d'ornements gravés ou modelés aussi bien sur la face que sur le dos, et cependant on n'a jamais la sensation de statues en ronde-bosse ; ce sont des statues-reliefs, destinées à être vues de face, ou de dos, mais jamais de profil ; les épaules sont accusées, le front généralement fuyant.

Dans la céramique on rencontre les formes les plus étranges et qui jamais ne se répètent. Les vases sont souvent à côtes et toujours à anse ; le décor est généralement peint en noir sur fond blanc. Ces vases ne se rapprochent d'aucun des types connus.

Si les artistes huaxtèques étaient de grands sculpteurs, ils ont par contre négligé l'architecture.

III. – Le monde maya

Un célèbre archéologue a dit des Maya qu'ils furent les Grecs du Nouveau Monde. La civilisation maya fut en effet la plus prestigieuse de toutes celles de l'Amérique moyenne.

La zone occupée par les Maya comprenait les États actuels du Yucatán, Campeche, Tabasco et Quintana Roo, ainsi qu'une partie du Chiapas au Mexique ; le Guatemala dans sa quasi-totalité et le Belice ; la section occidentale du Honduras ; le Salvador ; en tout à peu près 325 000 km^2. Les langues mayas, au nombre d'une vingtaine, sont toujours parlées dans toutes ces régions ainsi que dans la frange de la côte atlantique du Mexique appelée la Huaxteca dont nous avons parlé au chapitre précédent[1]. On évalue les Maya actuels à sept millions, dont 5 millions au Guatemala. Parmi eux, mentionnons les quelques centaines d'individus de la tribu des Lacandons, qui, pendant longtemps, ont échappé à l'influence des Blancs.

Ces territoires sont peuplés depuis environ cinq mille ans, encore que l'histoire des Maya ne commence qu'environ 2 000 ans avant notre ère. On désigne leurs prédécesseurs sous le nom de Pré-Maya. Au début, ils ne connaissaient ni céramique ni agriculture ; ils ne commencèrent à cultiver le maïs que vers l'an 2500 avant notre ère, sans doute à l'exemple de leurs voisins occi-

1. Voir p. 51.

dentaux[1]. C'est également à cette époque qu'apparut la céramique dont les premiers spécimens : vases, statuettes et têtes modelées du type dit Mamom, trouvés dans différents endroits du Guatemala, du Honduras et du Salvador, ne sont pas sans analogie avec les plus anciennes céramiques du haut plateau mexicain et de la région de Tres Zapotes (zone olmèque). La dernière phase de cette civilisation aborigène aurait commencé vers 350 avant notre ère ; elle a vu les premières constructions architecturales, terrasses et pyramides, à Uaxactún et dans le Yucatán. C'est l'époque de la céramique dite Chicanel dont les formes et les décorations sont plus variées que pendant l'époque Mamom. Cette période, la première qu'on puisse dater, a duré jusqu'au début du IVe siècle de notre ère.

Quant à l'origine de la civilisation maya proprement dite, les opinions sont encore divisées. Certains savants pensent qu'elle a pris naissance quelque part sur la côte de Veracruz ; d'autres, dans le Petén, à Tikal ou à Uaxactún. Quoi qu'il en soit, la plus ancienne date connue, qui se trouve sur une stèle de Tikal, correspond à 292 de notre ère[2].

Le territoire maya comprend trois zones : la zone sud, c'est-à-dire la côte du Pacifique et les hautes terres du Guatemala ; la zone du centre qui englobe les régions tropicales du Chiapas et du Petén et se prolonge jusqu'au golfe du Honduras ; et la zone nord qui correspond à la péninsule du Yucatán. Partout, la période d'apogée, qu'on désigne sous le nom de classique, est précédée d'un préclassique qui ne connaît pas encore d'architecture en

1. Signalons ici qu'a été trouvé à Tehuacán (Mexique) du maïs que l'analyse du Carbone 14 fait remonter à 4 000 ans avant notre ère.

2. Avant la découverte de la stèle de Tikal, on faisait partir l'histoire maya de l'an 320, date de la plaque de jade provenant de la même région et conservée dans le Musée de Leyde.

pierre ; les structures sont en terre argileuse ; dans la sculpture, on relève certains traits olmécoïdes.

Le classique de la zone centrale commence avec l'apparition d'inscriptions hiéroglyphiques sur des monuments, et d'une architecture monumentale en pierre. Les hiéroglyphes recèlent de nombreux renseignements sur l'histoire des Maya : ils mentionnent les dates de naissances, morts, mariages, faits de guerre, alliances... des rois des plus grandes cités ; ceux qui sont en rapport avec le calendrier permettent de dater les monuments avec précision. Les cités maya de la zone centrale érigeaient une stèle tous les vingt ans en commémoration de la période de temps écoulée. Certaines commémoraient aussi les demi-périodes, et même les quarts, comme Piedras Negras et Quiriguá. La plus ancienne stèle datée connue à ce jour est celle de Tikal déjà mentionnée ; la plus récente est à Tonina. Leurs dates correspondent respectivement à 292 et à 909 de notre ère.

L'étude des stèles datées a permis de distinguer deux phases : le classsique ancien et le classique récent, le premier approximativement entre 250 et 550, le second entre 550 et 950. Pendant le classique ancien existaient déjà d'importantes cités ; la céramique caractéristique de cette phase est du type dit Tzacol. Le classique récent se subdivise en une première partie relativement courte au cours de laquelle apparaît un nouveau type de céramique dit Tepeu, suivie, à partir du VIIIe siècle, d'une deuxième partie qui marque le point culminant de l'art maya ; c'est alors que la sculpture atteint son maximum d'expression dans de grands centres tels que Palenque, Yaxchilán, Piedras Negras. Mais le développement culturel ne se maintient pas longtemps à ce haut niveau ; la décadence apparaît dès le IXe siècle et, en un très court laps de temps, toutes les grandes cités de la zone centrale sont abandonnées.

Aucun événement historique ne permet d'expliquer cet abandon. On a émis à ce sujet de nombreuses hypothèses : épuisement du sol par la culture sur brûlis, méthode qui peut avoir créé autour des cités des zones stériles de plus en plus étendues ; épidémies ; ou encore révoltes du peuple agriculteur contre les prêtres qui exigeaient toujours plus de main-d'œuvre pour la construction des pyramides et des temples.

Ce phénomène ne s'est du reste pas produit dans la zone nord, c'est-à-dire dans la péninsule du Yucatán, où la période classique, florissante entre le VIIIe et le Xe siècle, est suivie de plusieurs migrations. Un nouveau système culturel et religieux s'établit, différent de celui qui avait fonctionné auparavant. C'est l'époque postclassique.

Une des migrations les plus grosses de conséquence fut celle de la tribu des Itzá qui quitta Chacanputún sur la côte sud-ouest pour venir s'installer dans un site du Yucatán déjà occupé pendant la période classique Chichén, où elle fonda une nouvelle dynastie. Puis un chef mexicain appelé Kukulkán, qui n'est autre que Quetzalcoatl, que nous avons vu partir de Tula à la tête des Toltèques en route pour le Yucatán[1], passa par Chichén Itzá mais s'en éloigna bientôt pour aller se fixer dans une nouvelle cité, Mayapan. À la même époque, Uxmal fut fondé par un chef de la famille Xiu, dont le nom semble être d'origine mexicaine.

Les trois villes se confédérèrent dans la Ligue de Mayapan, qui régit le pays pendant plus de deux cents ans. Ces deux siècles virent un extraordinaire épanouissement de tous les arts ; il se peut que ce mouvement de « Renaissance » ait été dû à l'apport toltèque : les monuments de Chichén Itzá de cette époque se rattachent nettement au style toltèque.

On ignore ce qui provoqua la rupture de la Ligue, mais c'était un fait accompli en 1194 quand une guerre mit aux prises Chichén Itzá et Mayapan. Mayapan remporta la victoire, réduisit la population de Chichén en esclavage et domina toute la région pendant plus de deux siècles. Puis, en 1441, les Maya

1. Cf. p. 29.

de Chichén se révoltèrent, occupèrent Mayapan à leur tour, s'emparèrent de son chef et le tuèrent ainsi que ses fils. Toute autorité disparut avec la fin de Mayapan, la désorganisation politique fut complète, et quand, cinquante ans plus tard, les Espagnols occupèrent le pays, la splendeur de la civilisation maya avait fait place à un état chaotique où les grandes traditions des siècles précédents étaient déjà oubliées. Sans doute les manuscrits indigènes en recélaient-ils le secret, mais le premier évêque de Mérida, Diego de Landa, les fit brûler en 1531.

Les relations de ce même évêque sont les seuls documents qui nous fournissent quelques notions de l'organisation politique et sociale des Maya.

Parallèlement au développement du Yucatán à l'époque postclassique s'étaient formés dans les hautes terres du Guatemala un certain nombre de petits royaumes de tribus rivales Quiché, Kakchiquel, Mam, Pokomam, qui furent tous réduits par le capitaine espagnol Pedro de Alvarado en 1524 et 1525.

Politiquement, la zone maya comprenait un certain nombre d'États-villes, situation semblable à celle de l'ancienne Grèce à l'époque d'Athènes et de Sparte. Selon les informations des chroniqueurs au moment de la conquête espagnole, chaque État était gouverné par un *halach uinic* (le vrai homme). Bien que sa charge fût héréditaire, ce n'était pas un monarque absolu ; il était secondé par un conseil d'État composé des principaux chefs, des prêtres et de certains conseillers spéciaux. Le *halach uinic* dirigeait la politique intérieure et extérieure de son État et percevait des impôts. Une de ses principales attributions était de faire passer l'examen aux candidats pour le poste de *batab*.

Le *batab* était un chef local chargé d'assurer la bonne marche de son village. Il y représentait le *halach uinic* mais ne percevait pas d'impôts ; toutefois il était nourri par ses administrés. Dans les affaires locales, il était assisté de deux ou trois conseillers qui s'occupaient chacun d'un quartier et sans le consentement desquels il ne pouvait rien faire. Le *batab* était chargé de la juridiction du village et du commandement de ses soldats, mais il devait se plier aux plans stratégiques élaborés par le chef militaire ou *nacom.*

Ce dernier était élu pour une période de trois ans. Généralement très vénéré, il devait suivre un régime spécial, ne pas manger de viande et s'abstenir de toute relation avec des femmes.

Les plus petits fonctionnaires étaient les *tupiles,* sortes de policiers chargés de faire respecter la loi.

La société maya était divisée en quatre classes : les nobles, les prêtres, le peuple et les esclaves.

Les nobles, « ceux qui avaient père et mère », fournissaient en général les chefs locaux. Les Espagnols leur ont attribué le titre de caciques. Ils faisaient grand cas de leur naissance, comme le prouvent les différents arbres généalogiques qui se sont conservés.

La classe des prêtres avait peut-être encore plus de prestige. Un grand prêtre existait, tout au moins dans les derniers temps avant la conquête espagnole. Sa charge était héréditaire, comme la plupart des postes administratifs. Les prêtres semblent avoir eu les attributions les plus diverses ; les uns veillaient au culte proprement dit avec tout ce que cela comportait : sacrifices, offrandes, etc. ; les autres se consacraient aux arts et aux sciences : astronomie, chronologie, écriture, divination... Les *chilanes* ou devins étaient particulièrement estimés parmi le peuple. Par contre le *nacom* ou sacrificateur (ne pas confondre avec le chef militaire) était très mal vu ; il avait quatre aides appelés *chaces.*

Le nom générique pour prêtre était *ahkin* ; il s'est conservé jusqu'à nos jours, mais les Maya actuels appellent *ahkin* le prêtre catholique.

Le peuple – c'était la grande majorité de la population – fournissait la main-d'œuvre pour l'agriculture et pour le bâtiment. Les Maya furent certainement un des peuples les plus industrieux de l'Amérique précolombienne. On a peine à imaginer le nombre d'heures de travail que représente la construction des multiples terrasses sur lesquelles s'élèvent les bâtiments de Uxmal par exemple, compte tenu de l'outillage rudimentaire des précolombiens qui ignoraient l'usage du fer et de la roue.

La dernière classe de la société était formée par les esclaves. C'étaient généralement des prisonniers de guerre ou des délinquants de droit commun ; ces derniers étaient privés de leur liberté et condamnés à travailler jusqu'à remboursement de leur crime. On achetait un esclave comme une marchandise. Malinche, la fameuse maîtresse de Cortez qui lui servit d'interprète auprès des chefs mexicains et facilita sa victoire, était une esclave de langue maya.

L'économie maya était essentiellement basée sur l'agriculture. Le travail de la terre se faisait selon des méthodes primitives : on débroussaillait par le feu la partie qu'on se proposait de semer et, sans engrais aucun, on déposait les graines dans des trous creusés au moyen d'un bâton pointu. On cultivait surtout le maïs, mais également le coton et une espèce d'agave à fibres textiles (hennequen). Le cacaoyer est originaire du pays maya, plus spécialement du Tabasco.

L'agriculture au Yucatán se heurte à un problème difficile à résoudre : celui de l'eau. Une saison sèche de huit mois et l'absence de tout cours d'eau obligeaient les Maya à choisir, pour s'y installer, le voisinage de lacs naturels ou *cenotes* comme à Chichén Itzá. Faute de *cenotes,* ils recueillaient l'eau de pluie dans des citernes. C'est seulement à l'époque moderne qu'on a creusé des puits.

C'est à ses manifestations culturelles que la civilisation maya doit son prestige. Les Maya avaient élaboré un système hiéroglyphique très complexe. Des murs entiers, toutes les stèles et les trois manuscrits qui ont échappé à la destruction sont couverts d'hiéroglyphes correspondant à une écriture mixte, à la fois idéogrammique et phonétique, dont aujourd'hui environ 60 % des signes sont déchiffrés.

L'arithmétique était extraordinairement développée et permettait des calculs astronomiques d'une exactitude stupéfiante. Elle était basée sur le système vicésimal, c'est-à-dire que les unités des différents degrés, au lieu d'être de dix en dix fois plus grandes ou plus petites comme dans notre système décimal, l'étaient de vingt en vingt fois. Ainsi l'unité du premier degré = 1 ; celle du second degré = 20 ; celle du troisième degré = 400, etc.

Pour la numération écrite, on employait des points (valant 1) et des barres (valant 5) jusqu'à 19. Le nombre 20, qui équivaut à une unité du second degré, était représenté au moyen d'un point placé au-dessus de la ligne réservée aux unités du premier degré. Par exemple, 24 s'écrivait :

•
• • • •

Notons que les Maya avaient inventé le zéro ; ils le faisaient intervenir dans leurs calculs et le représentaient par un signe spécial.

Le comput du temps était basé sur un système analogue, avec une légère infraction à la règle pour les unités du troisième degré, afin que le calendrier se rapprochât davantage de l'année solaire.

L'unité de temps était le jour ou *kin.* L'unité du second degré, le *uinal,* comportait vingt jours. Le *tun* ou année correspondait à dix-huit *uinal,* soit trois cent soixante jours, auxquels s'ajoutait un court *uinal* supplémentaire de cinq jours. Le système vicésimal reprenait avec le *katun* ou vingt *tun,* puis le *baktun* ou vingt *katun.* Nous avons déjà dit que les fins de *katun* (ou périodes de vingt ans) étaient célébrées par l'érection d'une stèle commémorative.

Les dates historiques étaient calculées à partir du début de l'ère maya qui, pour une raison que nous ignorons, correspond, semble-t-il, à l'année 3113 av. J.-C. Ces dates expriment le nombre de jours, converti en *baktun, katun, tun, uinal,* et *kin,* qui se sont écoulés depuis le début de l'ère. Par exemple : 9. 8. 15. 0. 0. doit se traduire : 9 baktun, 8 katun, 15 tun, 0 uinal, 0 kin, soit en tout 1 459 000 jours. Cette date correspond donc probablement à 628 de notre ère. Les dates extrêmes, relevées sur les stèles gravées de Uaxactun, sont 8.14.10.13.15 pour la plus ancienne, soit 328, et 10.3.0.0.0., soit 889, pour la dernière.

Chacun des vingt jours avait un nom dont voici la liste (fig. 7) : Imix, Ik, Akbal, Kan, Chicchan, Cimi, Manik, Lamat, Muluc, Oc, Chuen, Eb, Ben, Ix, Men, Cib, Caban, Eznab, Cauac, Ahau. De même les dix-huit *uinal* étaient désignés par les noms suivants : Pop, Uo, Zip, Zotz, Tzec, Xul, Yaxkin, Mol, Chen, Yax, Zac, Ceh, Mac, Kankin, Muan, Pax, Kayab, Cumhu. Quant au *uinal* de cinq jours complémentaires, il se nommait Uayeb.

Les jours à l'intérieur de chaque *uinal* étaient numérotés. Le premier portait le numéro 0, le dernier le numéro 19. Un jour

Les vingt signes des jours maya

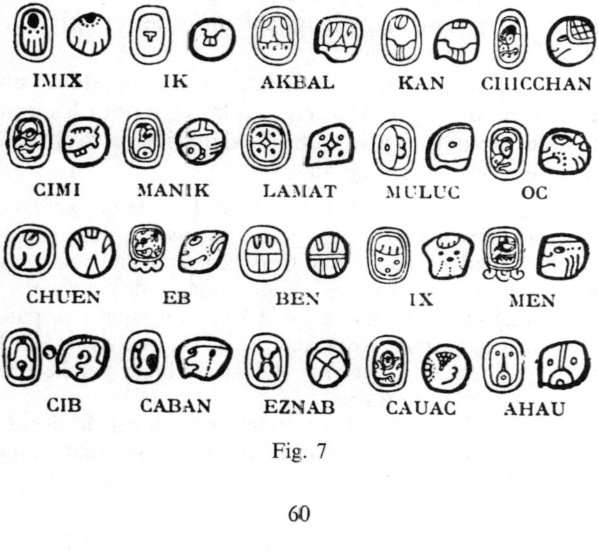

Fig. 7

donné était désigné par son numéro dans le *uinal* et le nom particulier de ce *uinal.* Exemple : 0 Pop. Chacun des vingt jours se retrouvait donc à la même place à l'intérieur de tous les *uinal* d'une même année. Mais l'année suivante, en raison du dix-neuvième *uinal* de cinq jours, il était de cinq numéros en avance. La cinquième année, il revenait à sa position initiale. C'est dire que quatre jours seulement pouvaient porter la date 0 Pop dans le calendrier solaire, date qui correspond au premier jour de l'an maya. Ces quatre jours, qu'on appelait les porteurs de l'année, sont Ik, Manik, Eb et Caban.

Indépendamment de ce calendrier solaire, les Maya possédaient un calendrier liturgique, le *Tzolkin.* L'année liturgique ne comptait que deux cent soixante jours ; elle se composait de la série des vingt noms de jours, treize fois répétée, et d'une série des treize premiers numéros, répétée vingt fois. Autrement dit, le premier jour de la série portait le numéro 1 ; le treizième jour portait le numéro 13, mais le quatorzième jour portait de nouveau le numéro 1 ; le dernier de la série des jours, le vingtième, portait le numéro 7 ; puis on recommençait une nouvelle série des vingt jours en numérotant 8 le premier, etc. De cette façon, deux cent soixante jours s'écoulaient avant que le même nom de jour revînt avec le même numéro. Le nom et le numéro réunis situaient donc exactement le jour dans l'année liturgique. Exemple : 2 Ik.

Les deux systèmes, calendrier solaire et *Tzolkin,* se combinaient ; une date maya était formée de quatre éléments ; deux pour le *tzolkin* (chiffre de 1 à 13 et nom de jour) et deux pour le calendrier solaire (chiffre de 0 à 19 et nom de *uinal*). Exemple : 2 Ik 0 Pop. Un jour donné portant un chiffre donné et occupant dans un *uinal* donné une position donnée ne pouvait revenir que tous les cinquante-deux ans.

Enfin, les Maya prenaient encore en considération l'année vénusienne. Pour que l'assemblage des signes désignant un jour se reproduisît conjointement dans les trois calendriers, sacré, solaire et vénusien, il fallait cent quatre ans, soit deux cycles de cinquante-deux ans, événement qui était célébré par une fête d'un éclat tout particulier.

La civilisation maya a donné naissance à certaines des œuvres d'art les plus remarquables de tous les temps.

L'architecture est avant tout religieuse : les édifices sont groupés pour former un centre consacré au culte, tandis que le peuple vivait dispersé aux environs dans des huttes. Les principaux centres sont entre autres Copan, Quirigua, Piedras Negras, Tikal, Uaxactún, Palenque et Yaxchilán, dans la zone centrale ; Chichén-Itzá, Uxmal, Mayapan et Labná dans le Yucatán ; Kaminaljuyu, Mixco Viejo, Iximché et Zaculeu dans les hautes terres du Guatemala. Les bâtiments de la zone maya se sont mieux conservés que ceux du centre du Mexique grâce aux matériaux de construction de qualité supérieure et à une meilleure maçonnerie.

On distingue deux sortes d'édifices : les temples et les palais. Les temples, de forme rectangulaire, sont édifiés au sommet d'une pyramide tronquée où l'on accède par des escaliers latéraux dont le principal est pratiqué du côté façade (fig. 8). L'intérieur des temples comporte une ou plusieurs salles dont la principale est consacrée au sanctuaire proprement dit. C'est à Palenque qu'on a trouvé pour la première fois une tombe sous une pyra-

Fig. 8. — Schéma d'un temple maya. Palenque

mide. Un sarcophage fermé d'une dalle somptueusement sculptée et contenant les restes du roi Pacal (603-683), paré d'une quantité de jades, était disposé dans une chambre funéraire aux murs couverts de reliefs.

Les palais, probablement demeures des prêtres, sont construits sur des plates-formes plus basses ; ils contiennent généralement un grand nombre de pièces prenant jour par la porte ; quelques-unes ont en outre de petites fenêtres trilobées, ou de très petites ouvertures rectangulaires ou en forme de T.

Toutes les constructions intérieures sont couvertes d'une fausse voûte ou voûte en encorbellement, typique de cette civilisation. Les Maya ne se hasardèrent jamais à construire des plafonds plans, et s'ils approchèrent très près de la conception de la voûte, ils n'y parvinrent pas véritablement. Ils se bornèrent à bâtir deux murs opposés d'épaisseur croissante et se rapprochant l'un de l'autre vers le haut jusqu'à ce qu'une pierre suffise à fermer l'ouverture.

Nous devons nous limiter à une brève vue panoramique d'un des ensembles architecturaux maya. Choisissons Uxmal, un des plus typiques. Une grande pyramide appelée El Adivino, d'une pente extrêmement raide, supporte deux temples adossés l'un à l'autre et accessibles par deux escaliers différents. Tout à côté s'élève le Quadrilatère des Nonnes qui se compose de quatre corps de bâtiments disposés autour d'une cour rectangulaire et dont les façades se trouvent côté cour. On y a accès par une porte en forme d'arc en fausse voûte percée au milieu du bâtiment méridional. Le bâtiment septentrional qui fait face à la porte possède une façade surélevée à décoration particulièrement riche.

Les autres édifices d'Uxmal, chacun construit sur une terrasse, s'échelonnent vers le sud. Dans la partie la plus basse existait un jeu de balle dont on voit encore les vestiges. Une première plate-forme était destinée à un bâtiment relativement petit ; de là on passait à une plate-forme plus élevée de très grandes dimensions ; sur celle-ci en était construite une autre qui servait de base à un des bâtiments les plus beaux de toute l'architecture maya, le Palais du Gouverneur. Long d'une centaine de mètres et de forme rectangulaire, il est d'une rare élégance ; toute la façade en est ornée de reliefs géométriques et de figurines qui font penser à un tapis décoratif, interrompu seulement par deux grands arcs en encorbellement de chaque côté de la partie centrale du bâtiment. En face du Palais se trouve une autre plate-forme, encore plus élevée que les autres, sans doute destinée à supporter une pyramide qui n'a jamais été construite. Tel qu'il est, ce grandiose ensemble de terrasses successives forme une perspective d'un équilibre si parfait qu'il semble avoir été conçu d'un seul jet.

Les structures architecturales maya pourraient paraître massives sans les bas-reliefs modelés en stuc ou les blocs de pierre sculptés qui les revêtent. Un des traits les plus caractéristiques de l'art maya est l'habileté avec laquelle sculpteurs et modeleurs ont collaboré avec les architectes ; l'harmonie de leur décor et les proportions de leurs figures, la manière dont ils ont utilisé les jeux de l'ombre et de la lumière classent ces sculpteurs parmi les meilleurs. La ronde-bosse est relativement rare. Partout on rencontre des décorations sculptées : de splendides bas-reliefs représentant des divinités, des prêtres ou des chefs décorent les grandes stèles de Copan. Dans certains cas, ces figures sont sculptées si profondément qu'elles donnent l'illusion de la ronde-bosse ; dans d'autres, elles sont si légèrement incisées qu'elles évoquent la gravure.

La sculpture classique du Petén et du Chiapas se distingue très nettement de celle du Yucatán. La première est réaliste. Elle atteint en certains endroits une qualité qui n'a jamais été dépassée en aucune partie du monde avec les reliefs en stuc et en pierre du Palais de Palenque où l'on voit plusieurs séries de personnages représentés en attitudes diverses, et avec ceux de Yaxchilan parmi lesquels il faut citer la femme qui s'inflige la mortification rituelle de se passer une corde à travers la langue (fig. 9).

Fig. 9. — Bas-relief représentant un rite d'autosacrifice (725). Civilisation maya. Yaxchilán

La sculpture du Yucatán est au contraire symbolique et abstraite. Une simple volute suffit à représenter le dieu de la pluie Chac. Les façades de l'annexe du Temple des Nonnes et de l'Église à Chichén Itzá par exemple sont ornées de motifs dont le principal est la stylisation de ce dieu répétée sur deux rangées. Le même motif est le sujet dominant dans la façade du bâtiment principal de Kabah. La décoration envahit toutes les surfaces avec une profusion qui écrase un peu l'architecture. Le style est anguleux ; il brise souvent le cadre et devient inorganique.

Il reste peu de choses de la peinture maya. Cependant, les fresques de Bonampak témoignent du haut degré de perfection auquel cet art était également parvenu. Ces fresques sont si belles qu'on les a comparées à celles de la Renaissance italienne. Elles révèlent un sens de la perspective et un sentiment très vif de la composition.

La poterie maya n'est pas moins remarquable par son élégance et la variété de son décor polychrome. Il faut encore mentionner des figurines en argile représentant peut-être des divinités, des objets en jadéite, et d'autres chefs-d'œuvre représentatifs de tous les arts mineurs, à l'exception de l'orfèvrerie presque entièrement inconnue de cette civilisation ; les quelques pièces en or qui en proviennent sont de date tardive et d'importation étrangère.

*
* *

La religion des anciens Maya nous reste obscure. À défaut de documents précis, on suppose que les Maya des époques Mamom et Chicanel avaient déifié les phénomènes du monde physique. Dans les mythes des Maya actuels, on retrouve des personnages tels que dieux de la pluie, gnomes des champs de maïs, sirènes malignes, etc., qui sont peut-être des réminiscences des toutes premières religions, tandis que la cosmogonie, la théogonie, le rituel des grandes époques, dont les reliefs et les sculptures, ainsi que les codex, nous fournissent des illustrations, ont été totalement abolis par la christianisation.

Selon la cosmogonie maya, notre époque avait été précédée par trois autres âges qui successivement avaient péri dans un cataclysme universel. Le premier avait été habité par des nains, le second par des gens appelés *dzoloob,* le troisième par des *Maya.* Le quatrième âge, où cohabitaient tous les peuples successifs, voyait s'épanouir la civilisation maya, mais était menacé d'un sort analogue aux trois premiers.

L'univers consistait en treize cieux superposés appelés *Oxlahuntiku* ; notre terre était le ciel inférieur ; sous elle s'étageaient neuf mondes souterrains appelés *Bolontiku* dont le plus profond appartenait au seigneur de la mort.

Chacun de ces mondes avait d'ailleurs son dieu propre, ainsi que tous les phénomènes de la nature, et aussi les jours, les *uinal,* les *katun* ; car le panthéon maya était extrêmement peuplé.

Chez les Maya comme chez les Aztèques, le dualisme était une des caractéristiques de la religion : des divinités telles que celles de la pluie, du tonnerre, de la foudre avaient un caractère bienfaisant et s'opposaient à une série de dieux malfaisants, ceux de la sécheresse, de la tempête, de la guerre, etc., funestes aux humains.

Le créateur du monde était Hunab ; son fils, le seigneur des cieux, de la nuit et du jour, Itzamna, était supposé avoir fait présent aux Maya de l'écriture, des codex et peut-être du calendrier ; on l'invoquait aux cérémonies propitiatoires du Nouvel An pour éviter des désastres publics. Son culte était souvent associé à celui de Kinch Ahau, dieu du Soleil.

Chac, dieu de la Pluie, jouait un rôle important en raison du climat, surtout au Yucatán. On le représente généralement avec un grand nez, aussi bien dans les codex que dans les sculptures. On l'associait avec Kukulkan, le dieu du Vent.

Le dieu du Maïs ou de l'Agriculture était représenté sous les traits d'un jeune homme parfois porteur d'un épi de maïs. Son nom est Yum Kax.

Ah Puch était le dieu de la Mort. Il avait pour tête un crâne décharné et portait une quantité de sonnettes. Divinité malfaisante, on l'associait au dieu de la Guerre, Ek Chuah.

Tous ces dieux étaient l'objet d'un culte très complexe au rituel strictement observé. Les cérémonies religieuses étaient précédées de jeûnes ou d'abstinences sévères. Les mortifications jouaient un grand rôle : l'une d'elles consistait à faire couler son propre sang en se perçant le lobe de l'oreille avec un couteau de silex ou une arête de poisson. Les cérémonies représentées pendant l'époque classique comportent des offrandes d'aliments, d'animaux ou d'objets précieux et également des sacrifices humains.

Notons pour terminer qu'un des rites des anciens Maya subsiste chez la plupart des Maya actuels : celui qui consiste à brûler du copal pendant les cérémonies.

IV. – **Zone méridionale du Mexique**

Civilisations zapotèque et mixtèque. – La civilisation des Zapotèques est une des mieux connues de toutes celles qui s'épanouirent entre les Maya et la vallée de Mexico. Son centre était Monte Alban, situé sur une montagne de moyenne hauteur qui commande le point de jonction des vallées de Zaachilán et d'Oaxaca où se trouve actuellement la capitale de l'État d'Oaxaca. Au début des années 1930, on entreprit dans ce site des fouilles méthodiques qui furent poursuivies pendant plus de quinze ans. Presque au début des travaux, on découvrit la fameuse « tombe n° 7 » qui recélait le trésor d'un chef mixtèque ; c'est l'ensemble de joyaux en or le plus fabuleux de tous ceux qui ont été trouvés au Mexique. On explora tour à tour des places, des temples et des habitations ; il apparut que les vestiges dataient de différentes époques. Pour les classer chronologiquement, on procéda par recoupements avec des tessons de céramique extraits à divers niveaux de puits stratigraphiques.

Nous savons maintenant qu'avant même les Zapotèques, Monte Alban fut occupé par une population olmécoïde à laquelle sont dus plusieurs constructions et les fameux reliefs des danseurs, sculptés sur de grandes dalles de forme irrégulière. Ce peuple était arrivé à un haut degré de perfection artistique ; il soignait avant tout le contour sans s'arrêter au détail. Une des stèles, probablement de la même époque, porte des inscriptions hiéroglyphiques. Dans la céramique, les formes simples sont les plus fréquentes.

On attribue les deux premières périodes de Monte Alban à cette civilisation ; elle aurait existé pendant les six premiers siècles de notre ère. Les Zapotèques seraient arrivés à la fin de la seconde période. Ils construisirent la plupart des grands bâtiments en terrasses qui donnent son caractère grandiose à Monte Alban. Mais on trouve également leur trace dans bien d'autres parties de l'État d'Oaxaca. Ils sont les artisans des urnes funéraires en céramique dont le décor est si riche et si détaillé qu'on pourrait parler d'un style baroque de l'époque précolombienne (fig. 10). Chose curieuse, on ne connaît presque pas de sculptures sur pierre de l'époque zapotèque.

Monte Alban fut occupé par les Mixtèques au XVe siècle. C'étaient des artisans habiles, mais ils n'étaient pas architectes. Aucun des bâtiments de Monte Alban ne porte leur marque. Pourtant on leur attribue la construction de ceux du site voisin de Mitla, dont les murs sont couverts de grecques en mosaïques de pierres

Fig. 10. — Urne zapotèque

(fig. 11). Leur sens décoratif s'est manifesté également dans des fresques, malheureusement très détériorées, mais qui ont des rapports certains avec les civilisations du haut plateau mexicain. D'ailleurs, une des principales écoles de peinture, d'où sont sortis les manuscrits hiéroglyphiques connus généralement sous le nom de codices, était située dans la Mixteca[1]. Orfèvres raffinés, les Mixtèques ont introduit le travail de l'or au Mexique. Ils fabriquaient des joyaux de toutes sortes, colliers, pendentifs, boucles d'oreilles, diadèmes, etc., d'une finesse exquise, en métaux précieux ainsi qu'en jade et en turquoise.

V. – Civilisations de l'Ouest du Mexique

Toute cette zone a peu subi l'influence mésoaméricaine. Il s'y est développé des civilisations encore assez mal connues ; nombreux sont les sites – notamment les tombes – qui furent l'objet de pillages intensifs.

1. Cf. p. 39.

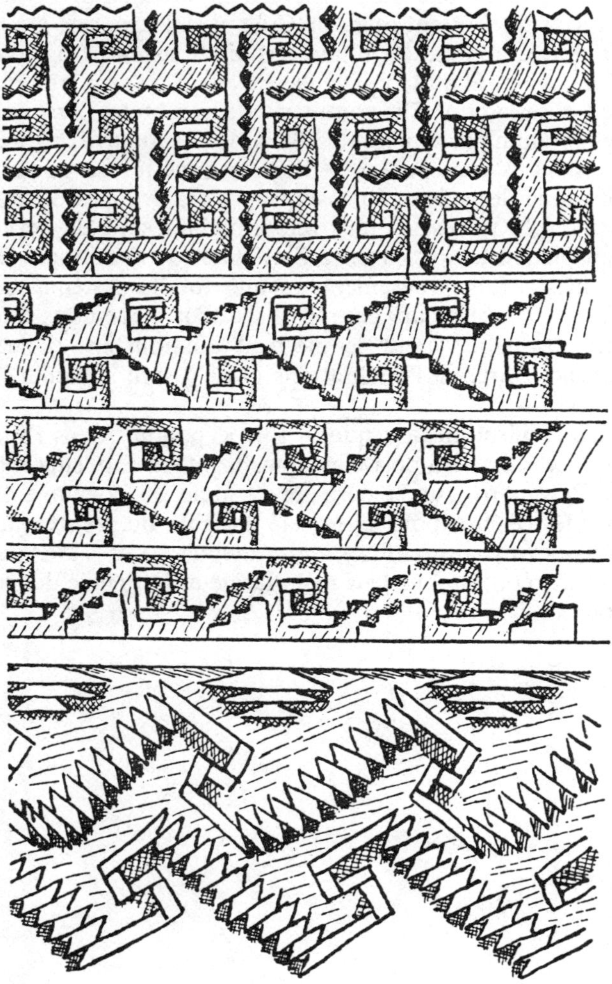

Fig. 11. — Mosaïque de pierres du Palais de Mitla

Les civilisations, parmi les plus importantes de l'Ouest du Mexique, furent celles de Colima, Jalisco et de Nayarit. La céramique est d'une technique assez fruste mais d'un style tout à fait particulier révélant un sens très aigu de l'observation. Elle comprend de nombreux personnages et animaux représentés dans des attitudes si expressives qu'ils font penser à des marionnettes de guignol, ainsi que des scènes domestiques et des groupes de danseurs. Les pièces les plus remarquables sont de petites maisons ou temples avec, à l'intérieur, de nombreuses figurines. Malheureusement aucune fouille systématique n'a été effectuée dans ces régions, de sorte que nous sommes incapables pour le moment d'établir un tableau chronologique des civilisations qui s'y sont succédé.

La civilisation tarasque. – Elle s'épanouit dans l'État du Michoacan au post-classique. Tzintzuntzan, sur le lac de Patzcuaro, fut la dernière capitale du royaume tarasque, célèbre pour avoir été capable de résister aux poussées expansionnistes des Aztèques. Les Tarasques étaient réputés pour leur métallurgie et la finesse de leur poterie.

Chapitre II

L'AIRE CIRCUMCARIBE

I. – Amérique centrale

Il est particulièrement difficile de classer les civilisations de l'Amérique centrale. Dans le Nord, c'est-à-dire à proximité de la zone maya, on trouve une quantité d'éléments mexicains, de sorte qu'on pourrait y voir une annexe de l'aire mésoaméricaine. Plus au Sud, à partir du Honduras, certains éléments font plutôt penser à l'Amérique du Sud. Sans que cela soit tout à fait satisfaisant, on a pris l'habitude, ces dernières années, d'incorporer toutes ces civilisations particulières dans l'aire circumcaribe. On justifie cette réunion par l'absence, dans cette zone, d'un certain nombre d'éléments culturels présents dans les autres aires, surtout l'architecture en pierre et les pyramides servant de soubassement aux temples.

Les sculptures sont nombreuses en Amérique centrale.

Les stèles localisées à la Florida (Honduras) et en différents endroits de Uloa sont d'un style très différent. La superposition de certains motifs ainsi que le traitement de plusieurs détails font penser à une parenté avec des civilisations colombiennes (San Agustín et Popayán).

Les nombreux objets mis au jour du côté du lac de Nicaragua (Ometepe) et au nord de Costa Rica ont été attribués aux Chorotègues qui ont subsisté jusqu'à l'époque historique. À Ometepe on a trouvé des ocarinas en terre cuite d'un style très particulier, tandis qu'au Costa Rica les objets les plus typiques sont des metates ou pierres à moudre. Ces dernières sont généralement travaillées dans une roche volcanique granuleuse et le plus souvent décorées de sculptures anthropomorphes ou zoomorphes. Les statues en pierre de la même civilisation ou de celle des Guetar sont plutôt raides et moins parfaites que celles du Mexique ou de la zone Maya. La céramique atteint par contre à la perfection ; son centre semble avoir été la presqu'île de Nicoya ; les motifs polychromes ont souvent un sens symbolique comme dans les civilisations du sud du Pérou ; la coupe tripode et le vase globulaire sont les formes les plus communes. L'industrie de l'or était extrêmement développée ; on trouve de nombreuses figurines, les unes anthropomorphes avec des têtes-trophées, les autres zoomorphes : oiseaux, crapauds, etc.

Au Panama, à Monagrillo, a été récemment découverte la céramique la plus ancienne d'Amérique centrale. Elle se trouvait dans une couche datant, d'après l'analyse du radiocarbone, de 2130 av. J.-C. On savait déjà qu'à des époques plus récentes ce pays a été le siège d'au moins quatre civilisations différentes qu'on désigne généralement sous les noms de leurs sites : Cocle, Veraguas, Chiriquí et Darien. L'influence sud-américaine et surtout celle de la Colombie s'y manifestent presque toujours. Les objets d'or Chiriquí remontent jusqu'au Costa Rica. La civilisation de Cocle, peut-être la plus importante, forme une unité. Son territoire est très limité : les abords du rio Grande, une partie de la presqu'île d'Asuero et plusieurs îlots du golfe de Panama. Le principal site est appelé Sitio Conte ; les trouvailles qu'on y a faites sont d'une telle richesse qu'on suppose que Sitio Conte était habité par quelques grands chefs et leurs familles. Les ornements en pierres semi-précieuses et en or abondent. La serpentine et l'agate étaient les pierres préférées ; le jade n'était pas employé. On rencontre à Sitio Conte une particularité fréquente en Colombie : le revêtement avec des feuilles d'or de petits objets d'os, de pierre et d'ivoire. Dans la poterie, on distingue deux styles, dont l'un est à décor polychrome. Les motifs curvilinéaires de certaines poteries se retrouvent à Marajó (embouchure de l'Amazone au Brésil), ce qui indique peut-être une influence Arawak. On suppose que la civilisation Cocle s'est épanouie pendant les deux siècles qui ont précédé la conquête.

II. – Antilles

Christophe Colomb, en découvrant lors de son premier voyage en 1492 Cuba et Haïti, crut avoir abordé les Indes par l'Ouest, ce qui l'amena à donner aux terres nouvellement trouvées le nom d'Indes Occidentales qui s'est conservé jusqu'à nos jours. L'archipel des Antilles, auquel elles appartiennent, se compose de plusieurs groupes d'îles dont les plus importantes sont les Grandes et les Petites Antilles.

Toutes étaient habitées, au moment de la Conquête, par deux peuples de langue différente, les Arawak et les Caraïbes. Les Caraïbes y étaient arrivés récemment, tandis que les Arawak y étaient installés depuis plusieurs siècles et avaient développé une civilisation remarquable. Les deux peuples étaient originaires du continent sud-américain où l'on en trouve encore des représentants. Les Arawak, de caractère doux et paisible, ne résistèrent pas longtemps au choc des nouveaux envahisseurs ; la plupart de leurs hommes furent tués, leurs femmes réduites en esclavage ; ce qui explique que la langue arawak se soit conservée parmi les femmes, tandis que les hommes parlent le karib.

Une population autochtone, les Ciboney, végétait à Cuba au moment de la Conquête, mais on connaît mal son mode de vie. Les résultats des fouilles indiquent que c'étaient des pêcheurs, qu'ils vivaient dans des cavernes et se peignaient le corps. Leur outillage en pierre, coquillage et bois, était très primitif. Ils ne connaissaient pas l'agriculture.

Par contre, les Taïno, c'est-à-dire le groupe d'Indiens Arawak le plus caractéristique, pratiquaient l'agriculture : leurs principales cultures étaient le manioc et le maïs. Ils vivaient dans de petites huttes en général circulaires qu'ils appelaient *buhío*. Ils dormaient dans des hamacs, mot d'origine antillaise qui a pris place par la suite dans les grandes langues du monde entier.

Les centres de culture taïno les plus développés peuvent être localisés à Porto Rico et Haïti, où des objets d'une haute qualité artistique ont été découverts. Les Taïno étaient des sculpteurs tout à fait remarquables ; ils travaillaient le bois et la pierre avec une égale facilité ; seule leur céramique est relativement pauvre. Les objets les plus typiques sont des colliers en pierres et des pierres à trois pointes avec des stylisations très variées dont la signification reste problématique. On suppose qu'il s'agit d'idoles appelées « zemi ». On avait des « zemi » pour s'emparer des esprits de la nature et des ancêtres ; on leur attribuait des pouvoirs exceptionnels, et c'est pourquoi tout le monde en avait au moins un ; les « zemi » pouvaient prendre les formes les plus diverses, quelques-uns étaient plus ou moins grotesques, parfois anthropomorphes, d'autres représentaient des animaux ou des plantes.

Parmi les objets utilitaires, citons des haches monolithes très variées, dont un type se retrouve dans la civilisation Tairona du nord de la Colombie.

Le bois était particulièrement apprécié. Les chroniqueurs ont décrit des trésors uniquement composés d'objets en bois. Les plus fameux sont des sièges à dossier incurvé, généralement anthropo-zoomorphes, qui étaient appelés « duho » et dont Colomb reçut un certain nombre. Ils étaient toujours destinés à des personnages de haut rang (fig. 12). Il est curieux qu'on n'ait trouvé aucune trace d'architecture en pays taïno.

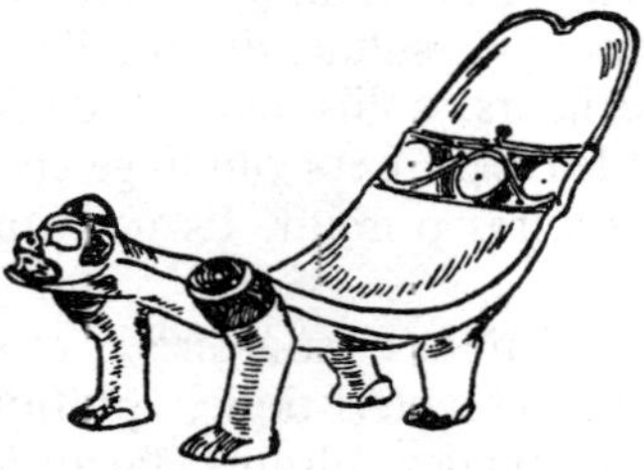

Fig. 12. — Siège de chef ou « duho » en bois
Civilisation taïno. Haïti

Le jeu de balle, d'origine méso-américaine, était très répandu ; il y avait souvent des matches entre différents villages. Des danses cérémonielles avaient lieu à l'occasion du mariage ou de la mort d'un chef ; certaines danses étaient accompagnées de chants.

Quant aux Caraïbes, arrivés une centaine d'années avant la Conquête, ils n'ont presque pas laissé de trace de leur passage. On leur a longtemps attribué à tort ou à raison des haches larges et arrondies dont la plupart ont été trouvées à la Guadeloupe.

III. – Nord de la Colombie

1. **Côte de la mer des Caraïbes.** – L'une des plus anciennes céramiques a été découverte sur la côte de la mer des Caraïbes au sud-ouest de Carthagène, exactement en un lieu dit Puerto Hormiga. Elle remonterait à près de 3 000 ans avant notre ère. C'est d'ailleurs une poterie particulièrement primitive.

Vers 1500 avant notre ère, on a localisé au nord-est de Carthagène, à Barlovento, des vases sphériques décorés de motifs curvilinéaires incisés, très caractéristiques. Enfin on attribue à une population d'agriculteurs sédentarisés, cultivant entre autres le manioc, la phase Malambo, qui daterait d'environ 1 000 ans avant notre ère.

2. **Sierra Nevada de Santa Marta.** – Une civilisation particulière connue sous le nom de Tairona s'est développée du IXe siècle à la conquête espagnole dans la Sierra Nevada, cordillère isolée qui atteint des hauteurs considérables. On y a trouvé des villages complets avec des plates-formes pour des maisons, des places cérémonielles, des ponts, des routes et des réservoirs d'eau. L'industrie lithique est riche et variée. Elle comprend certains types de haches cérémonielles signalées dans le paragraphe consacré aux Antilles. La céramique se présente sous des aspects nombreux et variés. L'industrie de l'or s'inspire

des formes voisines du Panama. Les traditions précolombiennes survivent de nos jours parmi les Indiens Kogi qui utilisent les objets des anciennes civilisations.

IV. – **Venezuela**

L'archéologie du Venezuela, mal connue jusqu'à ces derniers temps, apparaît un peu plus clairement à la suite de récentes fouilles. Les styles sont d'une grande diversité, ce qui s'explique par la situation du pays, carrefour des plus grandes civilisations dont chacune a exercé son influence. En céramique, un style « blanc sur rouge » se dégage aux environs de 1000 av. J.-C. Il avait été précédé par une céramique plus primitive qui, selon certains archéologues, serait beaucoup plus ancienne. Un autre style dit Barrancas, caractérisé par une décoration en relief, notamment sur les bords des récipients, et apparenté aux Taino des Grandes Antilles, semble s'être maintenu jusqu'aux premiers siècles de notre ère. La plupart des objets proviennent de sites à proximité du lac Valencia. Le style est caractérisé par des statuettes anthropomorphes stylisées dans lesquelles la tête est relativement très large. Les pieds sont élargis pour que les personnages tiennent debout. Les pendentifs en pierre, constitués de lamelles très minces sont encore en usage chez les Indiens Kogi ou Kággaba de la Sierra Nevada de Santa-Marta (Colombie), donc sensiblement plus au nord. Ceci ne doit pas étonner, puisqu'il s'agit d'une même aire culturelle englobant toute la côte nord-ouest du continent.

On note quelques ressemblances entre la poterie du lac Valencia et certaines urnes anthropomorphes trouvées à Santarem, à la jonction du rio Tapajoz avec l'Amazone. D'autres objets de Santarem se distinguent par un traitement presque extravagant de détails et de formes qui ne se trouvent nulle part ailleurs. Toutefois, certains fragments de poterie peuvent se comparer à des motifs trouvés aux Antilles.

Chapitre III

L'AIRE ANDINE

I. – Pérou et Bolivie

1. **Civilisations préincas.** – Les chroniqueurs nous apprennent relativement peu sur les civilisations péruviennes antérieures à celles des Incas. Elles furent cependant nombreuses et servirent de tremplin aux Incas pour l'édification de leur Empire. Le travail des archéologues a été favorisé dans cette région, et particulièrement le long de la côte, par le climat désertique qui a préservé à travers les siècles les objets même les plus fragiles. Les trouvailles ont été plus abondantes et plus riches ici que partout ailleurs, de sorte que nous pouvons dresser un tableau à peu près complet des cultures matérielles successives de ces peuples.

Géographiquement, le Pérou et les hauts plateaux de la Bolivie se divisent en trois zones :

1) *La côte* ;

2) *La Puna,* c'est-à-dire le haut plateau ;

3) *Les vallées* entre les Cordillères et les vallées transversales.

Toutes les populations, celles des hauts plateaux comme celles des vallées, furent des populations agricoles. On trouve chez tous les peuples péruviens un certain nombre de caractères communs relatifs à l'agriculture. Par exemple tous bêchaient au moyen d'un bâton à fouir, méthode très primitive qui exige, pour être efficace, un sol fertile et une distribution régulière de l'eau.

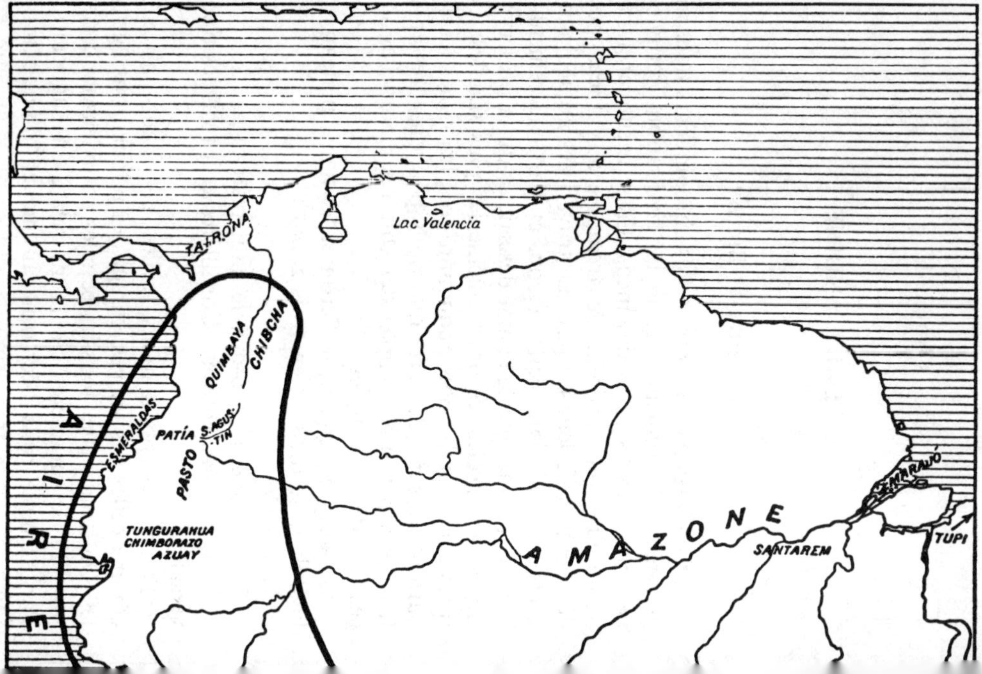

TAIRONA
Lac Valencia
QUIMBAYA
CHIBCHA
ESMERALDAS
PATÍA
S. AGUS-TIN
PASTO
TUNGURAHUA
CHIMBORAZO
AZUAY
A M A Z O N E
SANTAREM
TUPI
A I R E

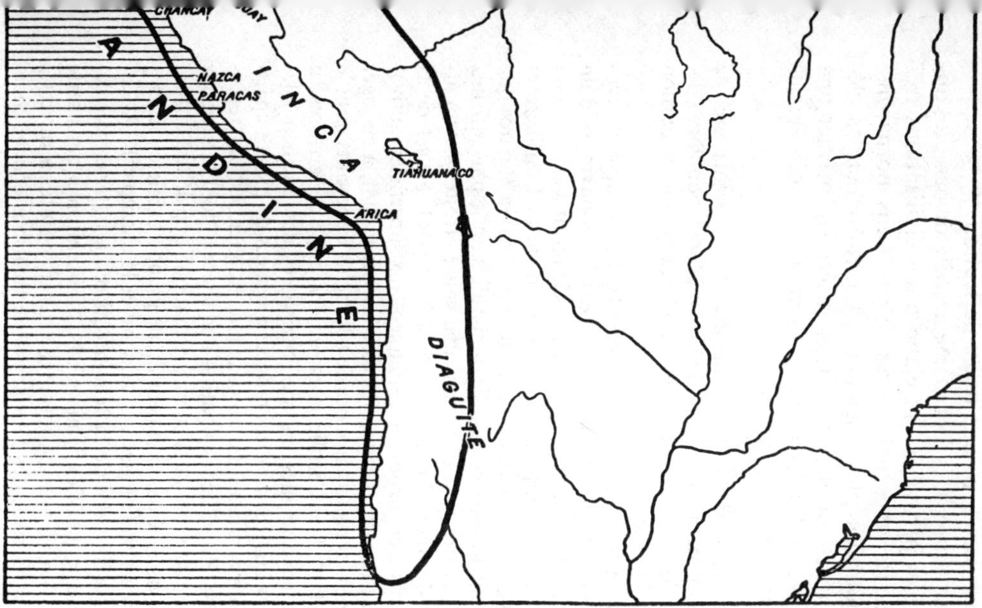

Carte III. — Civilisations andines

Or, tous les Péruviens pratiquaient le système d'irrigation par canaux avec une quasi-perfection.

Bien que tous voués à la même activité de base, les anciens peuples péruviens ont élaboré des civilisations très différentes les unes des autres. Nous nous bornerons, surtout pour les plus anciennes, à mentionner les éléments culturels dont l'apparition successive permet une chronologie, et les localités qui semblent avoir été les plus florissantes.

Nous avons parlé, dans le chapitre sur la préhistoire, de Huaca-Prieta, sur la côte nord, et des amas de coquillages découverts à Ancon, dans la vallée de Chancay, sur la portion centrale de la côte.

On voit ensuite apparaître des peuples beaucoup plus évolués, bâtisseurs et potiers, qui décoraient leurs ouvrages d'un motif représentant un félin très stylisé. Ce motif s'est répandu dans un vaste territoire couvrant le nord de la Cordillère et toute la côte, et qu'on appelle « horizon de Chavin », parce que c'est dans une localité portant ce nom qu'il s'est le plus affirmé. Chavin de Huantar est situé dans une vallée étroite, sur un affluent du Marañon (haut cours de l'Amazone), à l'est de la Cordillère blanche, région inhospitalière aux superficies cultivables extrêmement restreintes. Il possédait cependant, à en juger par les ruines, plusieurs groupes de bâtiments imposants dont le plus important, le « Castillo », est un ensemble de terrasses en plusieurs étages réunies par des rampes et des escaliers ; les pans de mur laissent voir des rangées alternées de pierres épaisses et de pierres minces. Le décor le plus fréquent est une représentation de félin d'une stylisation audacieuse, dont le meilleur exemple est une sorte de menhir prismatique appelé le Lanzon. Les sculpteurs de Chavin étaient d'une grande habileté ; ils employaient deux techniques : la gravure et le champlevé. À Cupisnique, site du nord de la région côtière, la poterie était décorée du même motif de félin stylisé ; on faisait déjà dans cette localité les vases à anse en forme d'étrier qu'on utilisa sur cette côte jusqu'à l'arrivée des Espagnols ; les maisons étaient construites en pierres ou en adobes, sorte de briques en terre battue modelées à la main en forme de cônes ; les habitants portaient des bijoux de turquoise ou de coquillages, possédaient des miroirs d'anthracite, se déformaient le crâne et peignaient en rouge les ossements de leurs morts ; le seul métal connu à Cupisnique était l'or. Dans le sud de la région côtière, les tombes de Paracas Cavernas ont également livré des poteries appartenant à l'horizon de Chavin.

Les cultures régionales « classiques », qui englobent des civilisations postérieures à celles de Chavin, s'étendent sur les côtes nord et centrale et les régions andines septentrionales. La technique de décoration des poteries a évolué : les motifs sont peints en blanc sur le fond rouge de la céramique. Cette technique a été adoptée à Salinar, dans le nord de la région côtière. À Salinar on a aussi trouvé les premiers exemples d'alliage d'or et de cuivre.

La civilisation de Virú, localité située dans la vallée du même nom au nord de la côte, produit une céramique à décor dit réservé ou négatif, comparable au batik ; on commence à y trouver aussi quelques objets de cuivre.

Nous mentionnerons ici la civilisation de Recuay, contemporaine à la fois de celles dont nous venons de parler et des prochaines. Dans cette localité, située sur le rio Santa supérieur dans le Callejón de Huaylas, on a trouvé des constructions souterraines, des statues à grandes têtes et des céramiques dont le décor « négatif » figure des scènes de la vie quotidienne.

***

Chronologiquement, trois autres « horizons » se sont encore succédé au Pérou jusqu'à l'arrivée des Espagnols. L' « horizon Huari » est caractérisé par les motifs de la fameuse Porte du Soleil qui se sont répandus sur presque toutes les Andes centrales. L' « horizon des États régionaux » a des poteries décorées de motifs géométriques qu'on trouve partout sur la côte et dans les régions andines septentrionales. Le dernier horizon est celui des Incas auquel nous consacrerons un chapitre particulier.

À partir de 600 de notre ère, les différents peuples du Pérou étaient en possession de tous leurs moyens de développement : l'existence d'une architecture monumentale, un perfectionnement dans la technique des arts mineurs, du tissage, de la céramique, de la métallurgie, en font foi.

Cependant, dès 500 av. J.-C., les particularismes locaux s'accusent à tel point qu'il devient impossible d'étudier les civilisations postérieures par grandes aires culturelles. Il nous faut suivre l'évolution dans chaque région géographique en particulier.

A) *Côte nord.* – La côte nord comprend toutes les vallées de Piura à Casma ; celles de Lambayeque, Chicama, Moche, Virú et Chimbote sont les plus importantes. L'art de la côte nord fut longtemps connu sous le nom générique de Chimu ; c'est celui de l'Empire qui existait en ces lieux au moment de l'emprise inca. Mais l'étude comparative des objets et les fouilles stratigraphiques ont prouvé l'existence antérieure, dans cette portion de la côte, d'autres civilisations, dont trois déjà mentionnées avant même l'époque classique. Pendant l'époque classique elle-même, la côte nord vit se succéder deux styles : le Mochica et le Chimu.

Les peuples Mochica occupèrent les vallées de Pacasmayo, Chicama, Moche et Virú. Leur civilisation dura quelque cinq cents ans au cours desquels on peut distinguer quatre phases différentes. Vers la fin, le style local de Lambayeque s'imposa sur les régions voisines.

Les principales constructions Mochica sont la Huaca du Soleil et la Huaca de la Lune à Moche ; la première est le plus grand édifice en briques crues et un des plus importants de toute la côte. C'est une pyramide de 23 m de haut et 103 à la base, construite sur le côté sud d'une terrasse longue de 228 m, large de 136 et haute de 18, à laquelle on accède par des escaliers latéraux. À la Huaca de la Luna, on a récemment trouvé des peintures murales représentant la tête du dieu sacrificateur. Les ouvrages d'art des Mochica ne sont pas moins remarquables que leur architecture ; à Ascope, ils avaient construit un

Fig. 13. — Vase à anse en étrier
Chavin de la côte Pérou

aqueduc de 1 400 m de long et d'une hauteur de 15 m ; dans la vallée de Chicama, un de leurs canaux d'irrigation ne mesure pas moins de 120 km.

Les tombes ont livré du matériel grâce auquel on peut reconstituer l'histoire de ce peuple. On y a trouvé une céramique fine, au décor peint ou en relief, d'une cuisson excellente, comportant souvent une anse en forme d'étrier (fig. 13) qui était apparue la première fois à Cupisnique. Les vases sont d'une infinie variété de sujets : personnages, guerriers, musiciens, malades au corps déformé, vases-portraits plus ou moins réalistes ; animaux, lamas, serpents, poissons, oiseaux, insectes, crustacés ; plantes, maïs, haricot, tubercules divers ; scènes de chasse, de guerre ou de danse dont le symbolisme complexe commence à être déchiffré. À la fin de la période Mochica, le décor géométrique devient fréquent.

À Sipan dans la région de Lambayeque, on a fouillé en 1987, les tombes inviolées, datées de 290 et 240, de deux seigneurs et d'un prêtre. Ils étaient accompagnés de nombreux personnages en céramique disposés de façon organisée et étaient enterrés avec des individus, lamas et chiens sacrifiés. Ils portaient d'extraordinaires parures d'or, d'argent et de cuivre doré parfois incrustés de turquoise : boucles d'oreilles décorées de cervidés et de canards, pectoraux de coquillage coloré, étendards, sceptres, sonnailles portant l'effigie du dieu sacrificateur.

Aucune inscription ne peut nous renseigner : ni les Mochica ni d'ailleurs aucun des peuples du continent sud-américain n'avaient d'écriture hiéroglyphique. Leur vie spirituelle ne nous est cependant pas entièrement inconnue : un ancien chroniqueur, Garcilaso de la Vega, descendant de la famille inca, a décrit la période antérieure à celle des Incas, et bien qu'il ne nomme pas spécifiquement les Mochica, c'est vraisemblablement d'eux qu'il parle. On trouve dans son texte quantité de détails intéressants, notamment au sujet de la religion. Ils adoraient, dit-il, tout ce qu'ils voyaient dans la nature : les herbes, les plantes, les fleurs, les arbres ; les montagnes, les cavernes, les rochers ; les tigres, les ours, les chats, les singes, les condors, les aigles, les hiboux, les chauves-souris, les serpents, les lézards, les crapauds ; d'autres adoraient l'air, le feu, la terre ; ceux de la côte : les sardines, les écrevisses, n'importe quel poisson ; il n'est rien sur terre qu'ils n'aient adoré, conclut Garcilaso.

***

Les Chimu prirent la succession des Mochica sur la côte nord vers l'an 1200. Nous entrons avec eux dans l'époque presque historique. Cabello Balboa, qui écrivit entre 1576 et 1586, a rapporté des légendes relatives à leur origine.

Leurs radeaux les auraient amenés de terres inconnues jusqu'à la côte près du rio Lambayeque, dont le nom était alors Faquiallanga. Leur grand chef était Naymlap, fondateur de la dynastie des Chimu ; il avait pour épouse la belle Ceterni, ce qui ne l'empêchait pas d'amener beaucoup d'autres femmes avec lui. Il était entouré d'une véritable cour de dignitaires où chacun assumait une fonction déterminée : Pita Zofi sonnait l'appel dans une conque ; Ninacolla avait la responsabilité du trône et de la litière sur laquelle on transportait le souverain ; Ninagentue, le sommelier, portait la coupe du monarque ; Fonga Sigde répandait de la poussière de coquilles sur le chemin du Seigneur ; Occhocalco était chargé de la cuisine ; Xam des fards, tandis que tuniques et vêtements de plumes étaient confectionnés par Llapchilulli ; Ollopcopoc enfin préparait les bains. Certaines de ces scènes sont représentées sur la céramique : le Musée de l'Homme possède un vase chimu sur lequel on voit le transport d'un dignitaire dans une sorte de hamac.

Le centre de l'Empire Chimu, Chan Chan, à quelques kilomètres au nord de Moche, fut une métropole importante dont certains édifices étaient décorés de motifs géométriques sculptés. Elle était entièrement construite en adobes, de sorte que les pluies, si rares fussent-elles dans la région, l'ont en grande partie détruite.

L'organisation sociale des Chimu a dû être beaucoup plus stricte que celle des Mochica qui vivaient dispersés. Dans ce climat torride, les habitations étaient toujours ouvertes ; cependant, le vol était rare, car il était sévèrement réprimé. Pris sur le fait, le coupable était pendu en place publique, et, avec lui, ses complices. S'il n'était pas découvert, on pendait des épis de maïs à un poteau ; c'était le signal de sacrifices à la Lune et aux deux étoiles appelées Pata, qu'on suppliait d'exécuter le jugement.

La peine de mort était également infligée aux femmes adultères et aux vierges impures. En présence d'un grand concours de population, et éventuellement des autres vierges, on poussait la coupable dans un précipice. Les corps des condamnés étaient offerts aux oiseaux de proie qui, pensait-on, les emportaient parmi les démons. Des scènes de ce genre sont représentées sur des vases en forme de montagnes à plusieurs pics en haut desquels un personnage est couché à plat ventre, les cheveux dénoués. Un autre motif fréquent est le personnage ligoté à un arbre avec un ou même plusieurs oiseaux de proie en train de le dévorer.

La céramique chimu conserve les traditions mochica tout en montrant une certaine préférence pour le vase double et la céramique noire.

C'est au temps des Chimu que la métallurgie atteignit son apogée sur la côte nord du Pérou. Ils travaillèrent le cuivre, le bronze, l'or et l'argent, et même le tumbaga, alliage d'or et de cuivre.

Une des trouvailles les plus sensationnelles fut celle du trésor de Illimo, près de Lambayeque. À côté de plusieurs vases d'or, les uns travaillés d'après la technique du repoussé, les autres incrustés de turquoises, on a découvert trois idoles presque identiques mais de grandeur différente, la plus grande mesurant plus de 40 cm de haut. Ces idoles se composent d'un personnage à coiffure semi-circulaire richement décorée de motifs filigranés, debout sur une sorte de hache ou de couteau en forme de demi-lune. On suppose que le personnage représenté est le chef Naymlap.

Les mythes Chimu attribuaient la création de l'homme à quatre étoiles : deux d'entre elles avaient conçu les caciques et les nobles, les deux autres, les gens du commun. C'étaient aussi les étoiles qui nourrissaient l'humanité en faisant germer les graines dans les champs, c'est pourquoi on comptait l'année à partir de l'apparition au firmament de telle ou telle étoile. Cependant, la principale divinité était la Lune, jugée plus forte que le Soleil puisqu'on la voit de nuit et de jour. On lui sacrifiait des enfants de cinq ans et on lui faisait des offrandes de chicha et de fruits. Les Indiens de Pacasmayo lui avaient élevé un temple qu'ils appelaient sa maison,

« Huaca Sian ». On lui consacrait certaines vierges qui étaient tenues en si haute estime que seuls les rois pouvaient les épouser.

Les Chimu vénéraient également certaines pierres qu'ils appelaient « Alec Pong », ce qui veut dire « dieu dans la pierre ». Ils les considéraient comme leurs ancêtres ainsi métamorphosés par le Soleil qui, rendu un jour furieux par la mort de sa femme, avait voulu se venger sur l'humanité ; plus tard, revenu à des sentiments plus justes, ce même Soleil aurait permis à chaque famille de vénérer la pierre qui était à son origine.

Quand sévissaient des épidémies ou des disettes, les Chimu pensaient que leurs dieux étaient courroucés ; aussi s'efforçaient-ils de les apaiser par le jeûne et la continence.

B) *Côte centrale.* – Les principales vallées de la côte centrale sont celles de Chancay, du Rimac et du Lurin ; Lima, la capitale actuelle du Pérou, se trouve dans la vallée du Rimac. Sur ce tronçon de la côte, la première partie de la période classique, qu'on appelle le Lima ancien, ne présente pas de caractères particulièrement locaux, si ce n'est un poisson conventionnalisé qui dérive probablement d'un motif textile. Mais, plus tard, à peu près en même temps que l'Empire Chimu au nord, deux centres importants se développèrent : Ancon, et Pachacamac.

Ancon est situé dans la vallée de Chancay ; nous avons déjà dit qu'une population très ancienne avait habité cette région : c'est aussi un des plus grands cimetières du Pérou classique. La plupart des tissus péruviens qu'on conserve dans les musées de l'Ancien et du Nouveau Monde proviennent des tombes d'Ancon, dont des milliers ont été ouvertes. Quant à la céramique connue sous le nom de Chancay, elle est faite d'une terre rouge ou beige assez légère et presque toujours poreuse ; les vases sont généralement ovoïdes, à embouchure étroite ; le décor se compose de lignes ondulées, de bandes verticales, de motifs en damiers ou de pois peints. Outre les vases, on a trouvé une série de lamas en ronde bosse assez stylisés.

Pachacamac était un centre religieux qui subsista à l'époque inca. Sa céramique est différente de celle d'Ancon, elle semble avoir été influencée par l'art des hauts plateaux.

C) *Côte sud.* – La portion sud de la côte s'étend du rio Mala jusqu'au rio Lomas. Les sites archéologiques les plus connus se trouvent dans les vallées de Pisco, Ica et Nazca, mais une quantité de petites vallées ne sont pas encore explorées.

Parmi les civilisations de cette région qui ont atteint leur plein développement pendant l'époque classique, il semble que celle de Nazca ait été la plus importante, encore que l'absence de toute architecture dans la vallée du rio Grande où se trouve ce site reste une énigme. La poterie et les tissus de Nazca sont d'une qualité jusqu'alors inégalées.

Depuis une cinquantaine d'années, on a ouvert des quantités de tombes datant de cette époque. Les cimetières de Nazca se trouvent en bordure des vallées dans du terrain sablonneux qui a assuré une conservation parfaite du contenu de toutes les tombes. Celles-ci creusées en forme de vases dont le col serait représenté par un puits cylindrique ou carré, et la panse par une chambre mortuaire voûtée ou rectangulaire ; quelques-unes des tombes sont consolidées à l'intérieur par des poutres en bois. Les cadavres ont été trouvés les membres en flexion, enveloppés dans plusieurs étoffes. Ils étaient entourés de divers objets funéraires et de nombreuses poteries ; on en a mis au jour des milliers.

La céramique de Nazca (fig. 14) n'a rien de commun avec celle de la côte nord. Le relief se limite à quelques protubérances et ne sert qu'à souligner le dessin. La peinture est poly-

Fig. 14. — Vase de Nazca. Pérou

chrome et les couleurs les plus employées sont le rouge, le jaune, un gris-acier, le brun, le violet, le noir et le blanc. La décoration est généralement symbolique. À côté de motifs comme des plantes, des fruits, des poissons, ou des serpents, on trouve des scènes à plusieurs personnages ou à plusieurs animaux, difficiles à interpréter. Parmi les représentations favorites, citons un personnage à masque de félin souvent appelé démon-chat, généralement surmonté d'un serpent à épines, un autre démon à bâton épineux et un personnage-oiseau. Presque tous les personnages tiennent des têtes-trophées, quelquefois réalistes, d'autres fois stylisées. Certains vases affectent la forme de têtes-trophées avec une fronde autour de la tête.

En tissage comme en poterie, le niveau artistique était extrêmement élevé à Nazca. On trouve des étoffes non seulement de coton, mais encore de laine de lama ou de vigogne, ce qui prouve que des échanges commerciaux entre la vallée de Nazca et les terres froides avaient été établis. Parmi les techniques, les plus fréquentes sont la broderie et la tapisserie, mais on trouve également des tissus peints d'une grande beauté et des gazes, décorés de personnages humains, d'oiseaux, de poissons et de fleurs.

Le seul métal travaillé à Nazca était l'or ; la technique était celle du martelage avec des motifs parfois gravés.

Les tissus font également la gloire de la nécropole de Paracas, située non loin de Paracas-Cavernas dont nous avons déjà parlé. On ne saurait dire si elle est plus ancienne que Nazca, en tout cas elle appartient à l'époque classique. Les tombes sont de véritables maisons souterraines, dont les murs de petites pierres et d'adobes atteignent parfois une épaisseur de 30 à 40 cm. En 1925, on y a découvert quatre cent vingt-neuf momies, dont quelques-unes seulement ont été étudiées à ce jour. De nombreux crânes avaient été trépanés. Des haches de pierre, des singes, des ossements de lama, des haricots, du maïs, du coton et des cacahuètes avaient été déposés dans les tombes.

Les pièces d'étoffe dont étaient enveloppées les momies et dont la plus grande mesure plus de 30 m sont absolument exceptionnelles. On a trouvé des manteaux, des chemises en forme de ponchos, des turbans, richement brodés de dessins multicolores, qu'on ne voit nulle part ailleurs au Pérou.

D) *Les hauts plateaux.* – Parmi les sites archéologiques des Andes, Tiahuanaco est le plus célèbre, après Cuzco dont nous parlerons à propos des Incas. Dès le début de la Conquête, il a été décrit par le chroniqueur Cieza de Leon comme l'un des centres culturels les plus importants. Il était considéré comme un lieu très ancien et très vénérable, siège de Con Tici Viracocha qui avait créé le monde ; ce dieu serait sorti d'une lagune de la province de Collasuyu, sans doute le lac Titicaca, et c'est à Tiahuanaco qu'il aurait créé le Soleil et la Lune, les étoiles, le ciel et la terre.

Tant de légendes entourent ce site qu'il a fallu longtemps pour retrouver la place exacte qu'il occupe dans l'évolution des civilisations sud-américaines ; on l'a d'abord mis à l'origine de toutes et certains archéologues n'ont pas hésité à lui attribuer plus de dix mille ans. La vérité est toute différente. S'il est exact que les monuments de Tiahuanaco sont plus anciens que ceux des Incas, il n'est guère possible de les reculer au-delà du Ve siècle de notre ère. On a commis au sujet des gens de Tiahuanaco la même erreur qu'avec les Toltèques du Mexique en les considérant comme les premiers civilisateurs, alors qu'ils n'étaient qu'un chaînon d'une longue évolution dont les débuts datent d'avant l'époque historique.

À l'époque où les civilisations côtières du Pérou atteignaient leur apogée, Tiahuanaco ne se manifestait encore que par une céramique un peu lourde décorée de motifs géométriques peints, dont les principales formes étaient un bol ouvert et une sorte de bouteille à long col : on l'appelle le Tiahuanaco ancien. C'est une époque postérieure qui vit la vraie floraison de Tiahuanaco.

Les ruines de cette métropole se trouvent à quelque 24 km au sud du lac Titicaca à 3 900 m d'altitude ; elles s'étendent sur 1 000 m en direction est-ouest et 450 m en direction nord-sud. On y distingue quatre groupes de bâtiments. À côté du Acapana, monticule naturel d'une hauteur de 15 m transformé en une sorte de forteresse, se trouve le Calasasaya, vaste construction de 135 m sur 130, clôturée d'énormes blocs monolithiques ressemblant à des menhirs. Un perron de six marches mène au centre de la place à un patio de 60 m sur 64. La fameuse Porte du Soleil, un des monuments les plus remarquables de toute l'Amérique ancienne, et plusieurs monolithes sculptés ont été trouvés au pied du Calasasaya.

À l'ouest se trouve le Palais ; à l'est, le Temple semi-souterrain célèbre par une série de têtes anthropomorphes encastrées dans le mur.

Tiahuanaco était vraisemblablement un centre religieux. On suppose que la principale figure sculptée sur la grande porte est l'image de la divinité Huiracocha ; c'est un personnage debout, dont le visage est entouré de rayons terminés par des têtes d'animaux ; dans chaque main, il tient un sceptre dont l'extrémité est sculptée en tête de condor ; il est entouré de trois rangées de personnages en marche ; ceux du milieu portent des masques de condor.

Les reliefs de la Porte du Soleil ont été copiés par les autres artistes des hauts plateaux. La poterie s'en est emparée : on en retrouve les motifs sur les gobelets des Andes centrales ; le félin, plus réaliste que celui de Chavín, apparaît en ronde bosse dans un grand nombre de vases. Plus tard, les motifs dégénèrent ; ils firent alors leur apparition un peu partout au Pérou, sur la côte aussi bien que dans les régions andines.

2. **L'empire inca.** – Les autres civilisations des Andes avaient atteint leur apogée lorsque les Incas entrèrent en scène, mais, en trois ou quatre siècles, ils fondèrent un Empire qui émerveilla les conquérants espagnols et reste encore de nos jours un fascinant sujet de controverses. Certains veulent y voir un État socialiste, d'autres un despotisme absolu, et tous se basent sur des faits concrets.

Les Incas avaient en effet réalisé le principe fondamental du socialisme : chez eux, la propriété privée des moyens de production n'existait pas. Cependant, les trois classes qui composaient leur société et qu'on pourrait fort bien désigner par les termes de clergé, noblesse et tiers état étaient séparées par des cloisons au moins aussi étanches qu'en France avant la révolution de 1789. Autocrates de droit divin aussi absolus que notre roi Soleil, les Incas ont, dans leurs entreprises annexionistes, usé de méthodes telles que les déportations en masse dont il n'existe pas d'exemple dans notre vieux monde avant... le XXe siècle.

De récentes études ont établi que le plein épanouissement de la civilisation inca n'a guère duré qu'une centaine d'années, du milieu du XVe siècle de notre ère jusqu'à l'arrivée des Espagnols. Les deux cents ou deux cent cinquante années qui avaient précédé correspondent archéologiquement à une civilisation dite « Inca ancien » qui vit se succéder les huit premiers monarques.

Au début, l'Inca n'était que le chef d'une famille, ou d'un clan, qui avait acquis la prééminence dans une tribu. L'un après l'autre, les Incas fondèrent de nouveaux clans, accrurent leur pouvoir en entretenant des relations amicales avec les tribus ou les clans locaux, soit par des mariages avec leurs chefs, soit par des promesses de territoires.

Les véritables conquêtes militaires ne commencèrent que vers 1445 avec l'occupation de Tiahuanaco et de la région du lac Titicaca. Les autres conquêtes eurent lieu après 1470. Elles ne furent interrompues que par l'arrivée des Espagnols. L'Empire s'étendait alors du rio Ancasmayo au sud de la Colombie jusqu'au rio Maule au Chili, c'est-à-dire du 2e degré de latitude nord au 34e degré de latitude sud, en tout environ 4 000 km.

Cet immense Empire était l'œuvre de douze souverains, dont les quatre derniers sont historiquement les mieux connus.

Ce sont : 1) Manco Capac ; 2) Sinchi Roca ; 3) Lloque Yupanqui ; 4) Mayta Cápac ; 5) Cápac Yupanqui ; 6) Inca Roca ; 7) Yahuar Huacac ; 8) Viracocha ; 9) Pachacútec Inca Yupanqui (1438-1471) ; 10) Topa Inca Yupanqui (1471-1493) ; 11) Huayna Cápac (1493-1525) ; 12) Huascar et Atahualpa (1525-1532).

L'Inca était à la fois le chef civil, religieux et militaire de l'État. Sa suprématie reposait sur le culte du Soleil, dont il était l'incarnation sur la terre. La pureté du sang divin devait être préservée ; c'est pourquoi l'épouse officielle de l'Inca était obligatoirement sa propre sœur. Il lui était d'ailleurs loisible de prendre d'autres femmes ; en particulier, il disposait à sa guise des vierges consacrées au culte du Soleil qui vivaient dans des sortes de couvents. On n'approchait l'Inca que les pieds nus. Son costume était en harmonie avec son origine divine : vêtements en laine de vigogne, sceptre à croix de plumes ; il n'utilisait que des ustensiles en or et en argent. Quand il mourait, sa momie était conservée au Cuzco dans le plus magnifique de tous les temples péruviens, le temple du Soleil.

Pour les besoins de l'administration, l'Empire des Incas était partagé en quatre provinces ou *suyu* : Conti-suyu, Colla-suyu, Anti-suyu et Chincha-suyu. Cette division en quatre, qui correspond peut-être aux quatre points cardinaux, remonte plus loin que les Incas ; elle est attribuée aux Aymara. Par contre, la division de la capitale en deux portions, Hanan-Cuzco ou Cuzco supérieur et Hurin-Cuzco ou Cuzco inférieur, est inca. La moitié de l'Empire constituée par Conti-suyu et Colla-suyu était en relations spirituelles avec Hurin-Cuzco ; l'autre moitié avec Hanan-Cuzco.

Quatre routes partant de la capitale centrale la reliaient aux chefs-lieux des quatre *suyu* et aux points les plus éloignés de l'Empire. Ces routes allaient tout droit d'un point à l'autre, quel que fût le relief du terrain. L'étendue du réseau routier surprit d'autant plus les conquérants espagnols que tous les transports se faisaient à dos d'homme. Le long des routes, des auberges ou *tambos* s'élevaient à intervalles réguliers, destinées à abriter les rares voyageurs. Mais ces routes étaient surtout utilisées par les facteurs chargés de transmettre les communications ayant trait au service administratif. Les Incas avaient organisé un système de postes ultra-rapide par une sorte de course de relais. Le service était assuré par des messagers appelés *chasquis* qu'on choisissait parmi les coureurs les plus rapides et qui étaient stationnés dans des postes échelonnés le long des routes. Le *chasqui* chargé d'un message partait au pas de course sur la route conduisant vers la destination indiquée ; il devait parcourir toute la distance jusqu'au poste voisin sans reprendre haleine ; dès qu'il arrivait au relais, un des coureurs qui y étaient stationnés prenait connaissance du message et partait sur-le-champ à vive allure jusqu'au poste suivant, et ainsi de suite. Par ce moyen, les ordres des autorités centrales parvenaient aux fonctionnaires des provinces en un temps record ; il fallait moins de deux jours pour relier Cuzco à la côte.

Chacun des quatre *suyu* était gouverné par un *capac* choisi obligatoirement parmi les parents immédiats de l'Inca. Les quatre *capac* formaient le conseil suprême de l'Inca ; grâce à eux, le pouvoir central pouvait exercer un contrôle très étroit sur toutes les parties de l'Empire.

À l'échelon local, la population était répartie entre de nombreuses tribus, chacune comprenant plusieurs clans ou *ayllu.* Le principe patrilinéaire était adopté à l'intérieur des *ayllu.* Les membres d'un même clan se considéraient comme unis par consanguinité. L'*ayllu* était une unité tant économique que religieuse ; il était géré par un *curaca* qui assumait les fonctions de juge suprême et prenait le commandement en temps de guerre.

Ce sont également les autorités locales qui distribuaient les travaux manuels aux divers éléments de la population. À chacun était assignée une tâche précise : aux uns revenaient les travaux des champs, aux autres la construction des terrasses ; certains étaient affectés à l'entretien des routes, ou à la chasse aux oiseaux... Pour faciliter cette conscription civile, les hommes étaient recensés par classes d'âge. Dans la province de Pacaxe par exemple, il y avait six classes : la première comprenait les enfants entre cinq et dix ans, la seconde les adolescents entre dix et vingt ; la troisième comportait les hommes entre vingt et vingt-cinq, la quatrième entre vingt-cinq et trente, la cinquième entre trente et cinquante ; dans la sixième se trouvaient tous ceux qui avaient dépassé la cinquantaine.

Tous les hommes employés dans les entreprises publiques étaient, eux et leurs familles, entretenus par l'État. Étaient également entretenues par l'État les familles dont le chef était aux armées. Car, pour mener à bien leurs ambitieuses entreprises expansionnistes, les Incas avaient dû se doter d'une armée nombreuse et bien disciplinée. Le service militaire était obligatoire et on estime qu'un dixième de la population était constamment sous les drapeaux. L'armement comprenait des arcs et des flèches, des propulseurs, des haches en bronze, des casse-têtes en bois ou à têtes de bronze ou de pierre. Les combattants portaient des casques et se protégeaient avec des boucliers.

Les expéditions guerrières étaient préparées avec soin. On commençait par une campagne de propagande dans les territoires convoités. On démontrait aux populations les bienfaits de l'administration inca, on s'efforçait de les convertir au culte du Soleil. Si la persuasion échouait, on envahissait militairement le pays. Après la conquête, on entreprenait l'assimilation de la province. En général, on maintenait en place les clans locaux, mais on les affaiblissait en les faisant passer sous l'autorité de l'administration inca, en leur imposant le culte du Soleil et l'emploi de la langue des Incas, le *quechua.* Les fils des chefs locaux étaient emmenés comme otages au Cuzco où ils recevaient une éducation correspondant à leur rang. Les Incas s'assuraient ainsi partout des sujets dévoués. Dans le cas où, malgré toutes ces précautions, une résistance locale se faisait sentir, on transplantait la population entière dans des régions éloignées de l'Empire : c'est le système du *mitmac.*

La société inca se composait de trois classes, toutes trois à la merci de l'Inca. En sa qualité de grand-prêtre du Soleil, l'Inca était à la tête de la hiérarchie religieuse. Il existait plusieurs catégories de prêtres : devins, hypnotiseurs, sacrificateurs. Certains d'entre eux, appelés *amawta,* avaient pour unique mission de transmettre les traditions aux jeunes nobles.

La classe des nobles, dans laquelle étaient recrutés tous les fonctionnaires et délégués des Incas ainsi que les officiers de l'armée, comprenait en premier lieu les membres de la famille de l'Inca ; les anciens chefs des nations soumises ainsi que leurs descendants y étaient assimilés, mais ils ne se voyaient jamais attribuer de charges importantes. Les nobles portaient de gros bâtons dans les oreilles ; c'est pourquoi les Espagnols les ont désignés par le mot *orejones.*

Auprès des classes dirigeantes existait une caste mal définie, celle des *yanaconas.* C'étaient probablement des esclaves plus ou moins affranchis, choisis parmi les prisonniers de guerre, les criminels, les gens du commun et les enfants d'autres *yanaconas.* Ils entretenaient des relations très intimes avec leurs maîtres qu'ils étaient chargés de protéger ; ils administraient les terres dépendant du Temple du Soleil, et s'occupaient aussi des magasins que les Incas constituaient dans différentes parties de l'Empire.

De même que l'Inca, les *orejones* et les *curaca* pouvaient avoir plusieurs femmes. Pour le peuple au contraire, la monogamie était de rigueur. Le simple citoyen n'était pas autorisé à se marier avant l'âge de vingt-quatre ans. À son mariage, le *curaca* de son clan lui attribuait une habitation et un lopin de terre suffisant à l'alimenter lui et sa femme, et qui était augmenté au fur et à mesure de la naissance des enfants. Ces propriétés, bien qu'individuelles, n'étaient pas transmissibles.

Le peuple fournissait tout le matériel humain civil et militaire de l'État inca. Indépendamment des expéditions militaires, la grande affaire était la culture du sol ; seuls en étaient exempts les individus qui exerçaient certains travaux d'artisanat : orfèvres, potiers, tisserands... Selon un plan rigoureux, les terres étaient divisées en trois sections correspondant au système de castes en vigueur : les revenus de la première section étaient affectés au culte du Soleil, ceux de la seconde section à l'Inca et à sa famille ; enfin les revenus de la troisième allaient à la communauté.

Les échanges commerciaux se faisaient à base de troc dans de très nombreux marchés locaux. La monnaie était inconnue. Cependant, les Incas avaient mis au point un système numérique décimal, sorte d'aide-mémoire qui permettait de tenir une comptabilité. C'est ce qu'on appelle les *quipus.* Cela consistait en un certain nombre de cordelettes fixées à un cordon principal, et sur lesquelles des nœuds indiquaient, selon leur position et leur type, les unités, les dizaines, les centaines ou les milliers. Les *quipucamayoc,* c'est-à-dire les fonctionnaires chargés de l'établissement des *quipus,* étaient à la tête de véritables archives, et communiquaient au Gouvernement le résultat des recensements et différentes statistiques.

La civilisation inca, qui a poussé si loin le perfectionnement d'un grand nombre d'institutions politiques et sociales, n'a donné naissance qu'à un art relativement pauvre. La sculpture sur pierre, qu'on trouve abondamment dans la plupart des civilisations andines, fait littéralement défaut.

C'est seulement dans l'architecture que la technique inca a fait preuve d'une véritable supériorité. Les monuments du Cuzco sont composés de blocs mégalithiques pesant chacun plusieurs tonnes, taillés à angles irréguliers, mais s'emboîtant parfaitement. Cette forme d'architecture excessivement résistante (aucun tremblement de terre n'en est venu à bout) était employée pour la construction de forteresses comme Sacsahuaman. D'autres places fortes étaient construites en des endroits d'accès difficile, comme Machu Picchu, qui commande une partie de la vallée de l'Urubamba.

Quant aux arts mineurs, il est possible de parler d'un horizon inca : certains types identiques ont été trouvés dans des régions très éloignées les unes des autres, ce qui permet de conclure que ces régions étaient toutes soumises à l'emprise inca.

En céramique, l'objet le plus répandu est l'aryballe, sorte de jarre à fond conique munie de deux anses latérales et généralement d'une tête de puma en relief (fig. 15). De petits plats ayant soit une tête de canard, soit deux petites protubérances

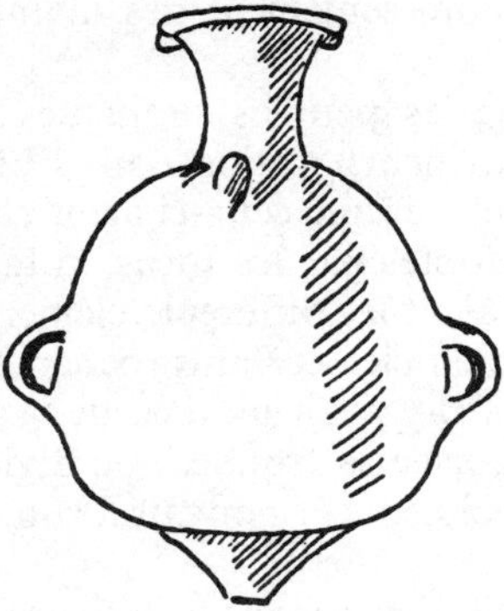

Fig. 15. — Aryballe inca

comme anses, et des vases à pied avec une anse horizontale et plate sont les types les plus fréquents après l'aryballe ; la qualité du tesson est généralement excellente. Le *kero,* gobelet en bois avec des peintures représentant le plus souvent des scènes à plusieurs personnages, est typiquement inca ; il s'est conservé jusqu'à l'époque coloniale. La *paccha,* en bois ou en céramique, est un récipient rituel à double orifice. Parmi les objets en pierre, citons certains récipients généralement cylindroïdes avec quelquefois des serpents en relief.

En tissage, les Incas ont suivi les techniques établies sur la côte, avec une préférence pour la tapisserie.

*
* *

Comme presque toutes les religions américaines, la religion des Incas possédait un héros civilisateur ; c'était Huiracocha, qui rappelle assez le Quetzalcoatl mexicain. De même que ce dernier, Huiracocha était vénéré à plusieurs titres : il était en même temps le créateur et le dieu Soleil.

Un petit nombre seulement des divinités étaient personnifiées.

Il semble que les peuples subjugués aient continué, même après leur incorporation dans l'Empire, à adorer leurs propres dieux et que ceux-ci aient été, dans une certaine mesure, adoptés par les Incas en tant que divinités inférieures. C'étaient les différents éléments de la nature, le tonnerre, l'arc-en-ciel, certains rochers, tout ce qui sortait de la norme. Il y avait un dieu de la tempête qui envoyait la foudre avec sa fronde, une divinité qui gardait l'eau dans ses récipients et pouvait à son gré la verser ou la retenir.

La *huaca* était une force mystérieuse et surnaturelle qui avait une grande influence sur le sort des humains. N'importe quelle personne, n'importe quel objet même, pouvait être habité par une *huaca.* C'était l'esprit protecteur du clan, ainsi qu'un fétiche individuel *(conopa)*. Elle pouvait être transmise par héritage de père en fils. Un clan ayant pour *huaca* le soleil était particulièrement bien protégé. La *huaca* joue encore un rôle dans la population actuelle, mais elle a perdu son sens primitif.

Les temples ne se distinguaient guère des habitations que par des dimensions plus vastes, mais auprès des temples étaient généralement érigés des *intihuatana,* cônes de pierre de peu de hauteur dont l'ombre projetée semble avoir donné lieu à des interprétations diverses.

On célébrait des cérémonies religieuses à raison d'une par mois ; les plus importantes étaient celles du nouvel an et des solstices. La mort d'un chef, l'intronisation d'un nouvel Inca, l'initiation des jeunes gens, un départ pour la guerre donnaient lieu à d'autres fêtes. À l'occasion des récoltes, on brûlait des épis de maïs ou des pommes de terre. Pour la grande fête annuelle de Sithua, qui avait pour but de protéger la capitale de tout fléau, tous les clans se réunissaient ; quatre cents guerriers se dispersaient vers les quatre points cardinaux et se trempaient avec leurs armes dans la première rivière qu'ils rencontraient. À leur passage, les gens sortaient de leurs habitations pour procéder à des ablutions.

Le rituel comprenait des offrandes de plumes et de coquillages qui devaient apaiser la colère des divinités de la pluie et de la tempête, de feuilles de coca, ou de chicha, boisson enivrante à base de maïs. On sacrifiait souvent des animaux, sauf quelques-uns à caractère totémique, tels que le puma et le condor. Les sacrifices humains, réservés aux cérémonies d'intronisation d'un nouvel Inca, étaient relativement rares.

II. – Zone septentrionale

1. **La mosaïque colombienne.** – La Colombie, avec l'Équateur qui la prolonge au sud, s'enfonce comme un coin entre le Pérou et l'Amérique centrale. Cette situation géographique explique l'aspect un peu hybride de ses anciennes civilisations, qui ont subi des influences de part et d'autre. Le pays est parcouru du Sud au Nord par deux grands fleuves, le Magdalena et le Cauca, qui divisent les Andes en trois Cordillères parallèles et le long desquels les éléments étrangers ont dû pénétrer. Sorti de ces routes naturelles, on se trouve dans un système inextricable de vallons interandins d'accès souvent très difficile où se sont développées des civilisations autochtones.

La Colombie a été pendant longtemps la grande inconnue de l'Amérique précolombienne. Depuis la dernière guerre mondiale, on explore le pays d'une façon systématique, mais on y a fait peu de fouilles stratigraphiques, si ce n'est dans le Nord, sur la côte de la mer des Caraïbes. On dispose par ailleurs de quelques analyses au radiocarbone, ce qui permet de dater certaines civilisations (cf. tableau n° 1).

Une des plus intéressantes est celle qu'on désigne sous le terme de mégalithique. Une date obtenue par la méthode du Carbone 14 la fait remonter au VIe siècle av. J.-C., et elle a dû durer fort longtemps, peut-être un millier d'années. Elle ne devait plus exister au moment de la Conquête car aucun chroniqueur ne la mentionne. Son centre se trouve à peu de distance du village de San Augustín, à proximité du haut cours du Magdalena, à 1 600 m d'altitude. Mais elle s'est répandue très loin : on en trouve des vestiges sur le versant oriental de la Cordillère centrale jusqu'au-delà de Tierradentro en direction nord, et au sud jusqu'à la région de Guayaquil (Équateur).

Fig. 16. — Statue d'un dignitaire. Moscopán
Civilisation de San Agustín

Cette civilisation se manifeste par des groupes de statues rencontrées généralement dans des monticules ou au bord des rivières. Quelques temples construits avec des blocs mégalithiques et ressemblant un peu à des dolmens font penser que la plupart des sculptures avaient une signification religieuse. Elles sont soit anthropomorphes, soit zoomorphes. Souvent, il y a combinaison, qu'il s'agisse d'animaux anthropomorphisés ou de personnages avec des traits d'animaux ; ainsi les divinités ont des crocs de félin sortant des coins de la bouche. Le style est très varié ; un type réaliste voisine avec un autre très stylisé. La statue la plus réaliste a été découverte en 1943 par l'auteur de cet ouvrage à Moscopán ; elle semble représenter un dignitaire civil (fig. 16) ; comme pour la plupart des figures anthropomorphes, la tête est très grande par rapport au corps. Il se peut que les artistes agustuniens aient voulu ainsi exprimer la supériorité de l'intelligence humaine, car pour les représentations d'animaux, ils ont respecté les proportions.

Un certain nombre de personnages possèdent des attributs de profession : on distingue des guerriers, des musiciens, des sculpteurs, etc. À côté de la rivière Lavapatas, on a découvert un système de canaux artificiels avec des bassins formant une sorte de piscine, décorée de reliefs à motifs aquatiques.

La poterie est plutôt simple et de qualité nettement inférieure à la sculpture. Des bols, des plats, des vases à pied et des vases tripodes sont les types les plus courants.

À Tierradentro, où l'on a mis au jour plusieurs statues de type agustinien, on a découvert des constructions souterraines consacrées au culte des morts. On y accède par des puits munis d'escaliers en colimaçon. Les chambres intérieures ont une hauteur de 2 à 3 m et un ou deux piliers centraux généralement ornés d'un chapiteau sculpté représentant une tête. Les murs, qui forment souvent des niches, sont décorés de peintures géométriques en noir, rouge et blanc. La poterie, brisée intentionnellement, est très différente de celle de San Agustín : motifs anthropomorphes ou zoomorphes (serpents) en relief avec incisions en traits ou en points remplies d'une pâte blanchâtre. Des haches, des perles en pierre polie et quelques rares objets en or complètent le mobilier funéraire.

À part cette civilisation mégalithique et celles des Taïrona mentionnée dans l'aire circumcaribe et des Chibcha dont nous parlerons plus loin, le passé de la Colombie ne nous est connu que par ses coutumes funéraires.

Les Indiens enterraient leurs morts avec toutes sortes d'objets qui leur avaient servi au cours de leur existence, surtout des vases et des bijoux en or.

Malheureusement, l'or a suscité depuis longtemps la convoitise d'individus que préoccupait fort peu la recherche archéologique. Toute une corporation de chercheurs d'or, appelés « guaqueros », s'est très tôt constituée. Dans la vallée du Quindío de véritables villages ne vivaient que de l'exploitation des tombes précolombiennes. Les terrains archéologiques de cette région, centre de la civilisation Quimbaya, ont été complètement dévastés par ces fouilles clandestines. Mais d'autres sites, moins riches en or, ont été méprisés, de sorte qu'il y a encore beaucoup de possibilités pour l'archéologie. Les guaqueros, qui possèdent une grande expérience et une technique rudimentaire mais efficace, peuvent d'ailleurs être utilement employés par les archéologues.

Les guaqueros ont mis au point un instrument qu'ils appellent « media caña », sorte de gouge emmanchée à un long bâton droit qu'ils enfoncent verticalement dans le sol, pour arracher des mottes en profondeur. Ils savent reconnaître si la terre qu'ils rapportent au bout de leur bâton est vierge ou si elle a déjà été remuée. Il arrive évidemment qu'on passe des journées entières à ne tirer que des mottes vierges du sein de la terre. Mais si on trouve un endroit où la terre a été remuée artificiellement et qu'ayant enfoncé la media caña à plus de 2 m de profondeur la motte ramenée présente toujours l'aspect de terre déjà remuée, on peut espérer être sur l'embouchure d'une tombe. Alors commence la fouille proprement dite.

On trouve d'abord un puits d'une profondeur variable pouvant aller au maximum jusqu'à 25 m et qui a été entièrement comblé de terre qu'il faut déblayer. Tout au fond du puits se trouve une ouverture latérale donnant accès à une chambre où l'on trouve ce qui reste du cadavre et le mobilier funéraire.

La forme des tombes varie beaucoup d'un lieu à un autre. Un guaquero auteur d'un ouvrage sur la « guaquería » (manière de faire des fouilles) en distingue neuf types différents.

On trouve le cadavre soit étendu sur le côté ou sur le dos, soit recroquevillé sur lui-même. Quelquefois, les ossements sont amoncelés en tas ou réunis dans une urne, comme à proximité du rio Magdalena ; de toute évidence, on procédait dans cette région à un deuxième enterrement.

*
* *

La civilisation Chibcha est la mieux connue de toutes les civilisations de la Colombie car les chroniqueurs en parlent. Ils en font même autant de cas que de celles du Mexique et du Pérou. Cependant, du point de vue archéologique, elle est relativement pauvre.

Les Chibcha, qui s'appelaient eux-mêmes Muisca (les hommes), étaient installés dans les savanes ou les hautes vallées des rios Bogotá et Chicamocho. Ces territoires, situés entre 2 500 et 2 800 m d'altitude, jouissent d'un excellent climat et la terre y est très fertile. Aussi étaient-ils très peuplés ; on ignore le nombre exact d'habitants, mais le chiffre d'un million qui a été avancé ne doit pas être très éloigné de la vérité.

Deux chefs, le Zipa et le Zaque, se partageaient le pays chibcha. Le Zipa régnait sur les territoires de la savane de Bogotá et le Zaque sur ceux situés au nord avec pour capitale Hunza (Tunja).

Les pouvoirs du Zipa et du Zaque s'étendaient sur un grand nombre de localités ayant chacune son chef local. Il arrivait fréquemment que les différents chefs locaux ne s'entendent pas entre eux, envahissent leurs territoires respectifs et les annexent ; mais, à l'égard du Zipa et du Zaque, leur soumission ne se démentait jamais ; par exemple, aucun d'eux ne se serait permis de regarder un de ces deux chefs en face ; ce qui semble prouver que la fonction de Zipa et de Zaque avait un caractère non seulement politique, mais aussi sacerdotal. La salive du Zipa était sacrée, on la recueillait très pieusement dans une serviette. On transportait les grands chefs dans des litières et on construisait pour eux des sièges particuliers.

La fonction de chef était héréditaire, avec un ordre de succession matrilinéaire : l'héritier du chef n'était pas son fils, mais le fils de sa sœur, et, si elle n'en avait pas, son propre frère. Le principe patrilinéaire jouait cependant dans le peuple. Un homme pouvait prendre autant de femmes que ses ressources le lui permettaient : certains nobles en avaient une centaine ; toutes ces femmes vivaient ensemble, à l'écart de leur mari commun. Les jeunes filles étaient soumises à une initiation : pendant six jours consécutifs elles devaient rester assises dans un coin, la tête couverte ; puis on les baignait et on se livrait à d'abondantes libations de chicha de maïs, boisson alcoolique correspondant à notre bière.

En zone chibcha, le commerce était bien développé ; des marchés se tenaient tous les quatre jours dans les agglomérations les plus importantes ; la monnaie n'existait pas, on y faisait du troc. Certains marchés étaient spécialisés ; par exemple, on trouvait des émeraudes uniquement à Moniquirá. Comme il n'y avait pas d'or dans la zone chibcha et que les orfèvres en avaient grand besoin, on échangeait, contre le précieux métal apporté des pays voisins, les produits locaux, surtout du sel, des vêtements de coton et des émeraudes.

Les principales industries chibcha étaient le tissage et l'orfèvrerie. Les tissus de coton étaient souvent peints, parfois imprimés. En orfèvrerie, les figurines connues sous le nom de « tunjo » sont travaillées selon la technique « à la cire perdue ». L'or, le cuivre ou, le plus souvent, le tumbaga, alliage d'or et de cuivre, étaient les principaux métaux employés.

La mythologie des Chibcha est assez confuse. Les dieux étaient nombreux et de deux sortes : les créateurs, et ceux qui assumaient une fonction déterminée.

Parmi les créateurs citons en premier lieu Chiminigagua, père de tout ce qui existe et notamment du Soleil et de la Lune. Après lui, le Soleil et la Lune eux-mêmes : ils provoquaient la chaleur, la sécheresse ou la pluie ; la Lune était la femme du Soleil. Le Soleil semble avoir joui de la plus grande considération ; les chroniqueurs ont décrit plusieurs temples qui lui étaient dédiés ; quand les Espagnols arrivèrent, les Chibcha les prirent pour des enfants du Soleil, ce qui facilita grandement la Conquête.

Les divinités qui avaient des attributions déterminées étaient Chibchachum, le dieu propre de Bogotá, protecteur des marchands ; Bochica, héros civilisateur et protecteur des caciques. Chuchavia, sous la forme d'un arc-en-ciel, protégeait les femmes enceintes et les fiévreux. Nencatacoa, le dieu des ivrognes, était en même temps celui des peintres et des tisserands ; il avait l'apparence d'un ours vêtu d'une cape. Chaquen présidait les courses rituelles ; on lui offrait des plumes.

Les Chibcha avaient plusieurs versions cosmogoniques. D'une part, Chiminigagua était à l'origine de tout. D'après une seconde version, le Soleil et la Lune étaient à l'origine de l'univers. Une troisième attribue la création à deux caciques métamorphosés par la suite en Soleil et en Lune, de sorte que cette version se confond avec la précédente. Les premiers hommes avaient été faits avec de l'argile et les femmes avec des herbes.

Un autre mythe encore raconte comment le genre humain a été engendré par une mère commune, Bachue ; celle-ci était sortie d'un étang près de Iguape avec un enfant de trois ans dans les bras. Quand le garçon fut devenu adulte, elle l'épousa. De nombreux enfants naquirent de ce mariage, quatre à six à la fois, et ce furent les premiers hommes. Quand Bachue et son fils-mari furent devenus vieux, ils disparurent dans l'étang pour devenir des serpents.

L'humanisation de la divinité est un trait caractéristique de la religion chibcha. Le Soleil est toujours mâle ; il ne féconde pas seulement la Lune, mais aussi de simples mortelles telle la mère de Goranchacha, le futur cacique de Tunja. Il parle aux mortels, leur donne des ordres. S'il se fâche, il faut lui sacrifier des enfants pour le calmer.

Le dualisme que nous avons rencontré dans la religion mexicaine existe également chez les Chibcha. Bochica et Chibchacum sont deux rivaux. Chibchacum, furieux contre les hommes, avait inondé la savane de Bogotá avec des pluies diluviennes ; les Indiens, désespérés, s'étaient adressés à Bochica ; celui-ci avait fendu d'un coup de sa baguette d'or les rochers du Tequendama, là où l'on voit aujourd'hui les fameuses chutes, et les eaux s'étaient écoulées. Il avait ensuite condamné Chibchacum à porter la terre sur ses épaules. Aussi, chaque fois que la terre tremblait, on savait que c'était Chibchacum qui la faisait passer d'une épaule sur l'autre.

Naturellement, Bochica et Chibchacum avaient une apparence humaine. En sa qualité de héros civilisateur, Bochica était un étranger venu de l'Est portant une longue barbe et une abondante chevelure qui lui tombait jusqu'à la ceinture. Il allait pieds nus. C'est lui qui avait enseigné aux anciens l'art de filer le coton et de tisser des vêtements ; il leur avait également appris à peindre sur les vêtements des motifs en forme de croix. Enfin, il avait annoncé la résurrection des corps.

Parmi les sacrifices, les plus importants étaient ceux des *mojas,* jeunes garçons de quinze à seize ans amenés généralement de loin, des versants des plaines. Les *mojas* étaient les intermédiaires entre les Chibcha et le Soleil. Les uns étaient des prisonniers de guerre, les autres avaient été achetés dès leur plus jeune âge à des marchands d'esclaves. Ils avaient l'ombilic coupé, ce qui était le signe de leur office, car le sang qui sort de l'ombilic est la nourriture du Soleil. Chaque cacique avait ses *mojas.* Ils étaient sacrifiés peu de temps avant la puberté. Mais si, par hasard, un *moja* avait eu des relations avec une femme, on ne le sacrifiait pas, il avait perdu ses qualités comme intermédiaire entre les hommes et le Soleil.

Le sacrifice avait lieu généralement sur un sommet dans la partie tournée vers l'est. On étendait la victime sur une étoffe précieuse et on la tuait à l'aide de couteaux en bambou. On aspergeait les rochers avec le sang juste au lever du jour. Après quoi on abandonnait le cadavre pour qu'il fût mangé par le Soleil.

Les prêtres étaient les officiants dans les sacrifices comme pour les offrandes ; ils étaient appelés *jeques* ; ils présidaient les fêtes, qui avaient lieu dans toutes sortes de circonstances : pour commémorer la création du monde (en décembre), pour la construction d'une maison ou bien lors de la purification. Ces fêtes étaient le prétexte de danses et de beuveries.

Des processions se faisaient sur des routes spécialement aménagées au moment des semailles et des récoltes. Les courses rituelles étaient fort appréciées ; elles se terminaient souvent par la mort de plusieurs des participants qui avaient outrepassé leurs forces dans leur désir de remporter la victoire et d'acquérir le prestige qu'elle conférait.

L'intronisation d'un nouveau cacique donnait lieu à une manifestation de prodigalité quelque peu ahuris-

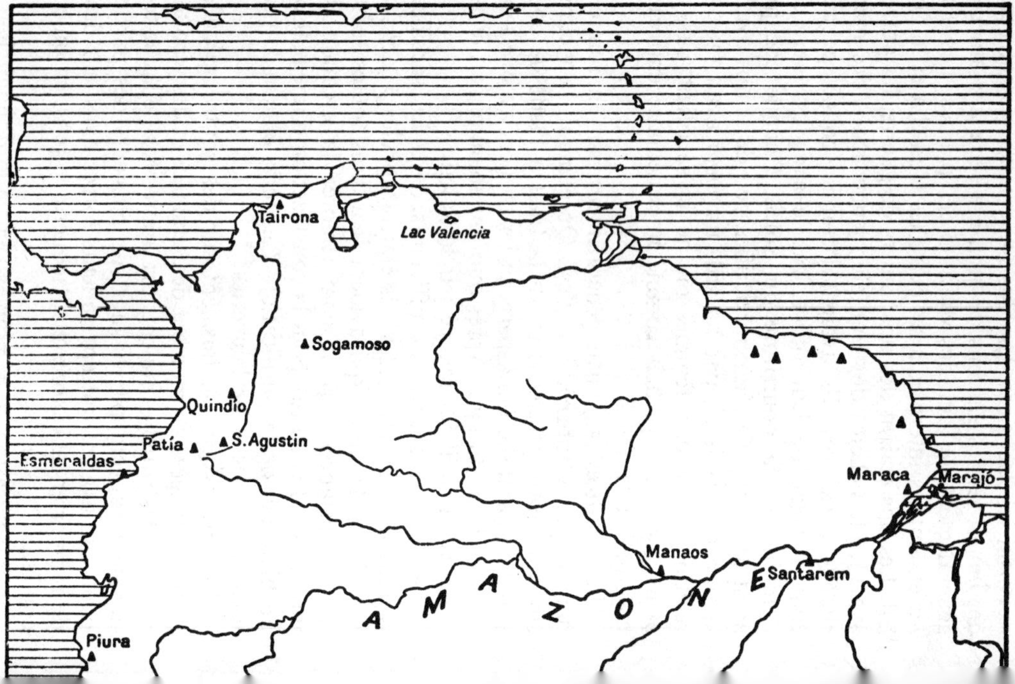
Tairona
Lac Valencia
Sogamoso
Quindio
S. Agustin
Patía
Esmeraldas
Maraca
Marajó
Manaos
Santarem
AMAZONE
Piura

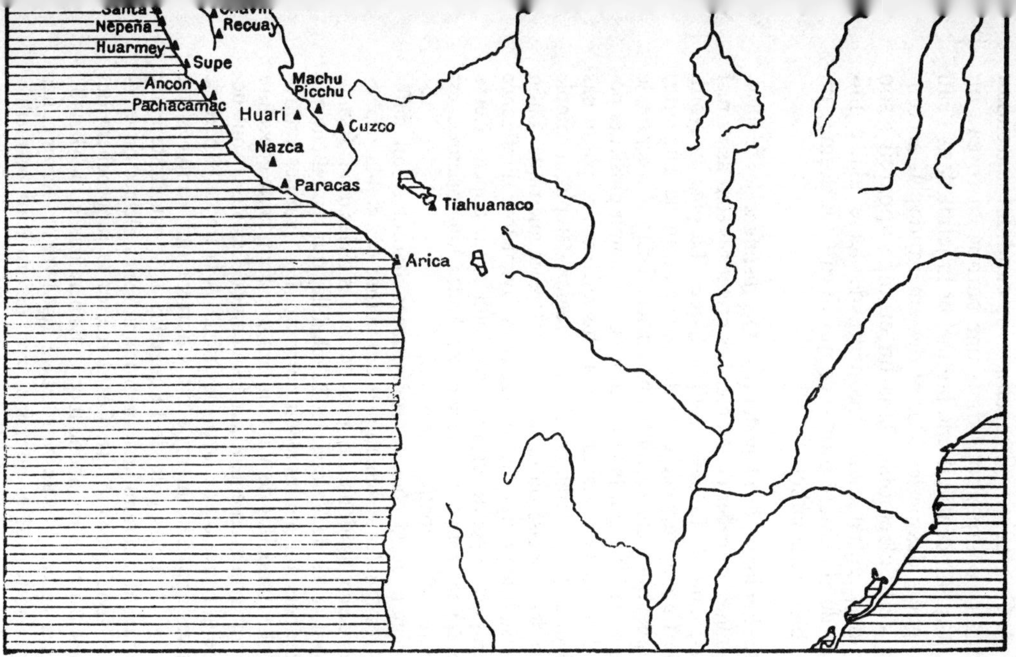

Carte IV. — Sites archéologiques de l'aire andine

sante. À Guatavita, par exemple, le candidat se rendait avec quatre compagnons dans une barque en roseau ou *balsa* jusqu'au centre d'une lagune, et là jetait dans l'eau par poignées des perles d'or et des émeraudes. Il accomplissait cette cérémonie dans un étrange appareil : son corps était entièrement recouvert de terre glaise imprégnée de poussière d'or – ce qui devait lui donner un aspect bien particulier.

2. **Archéologie de l'Équateur**. – On distingue les civilisations andines de celles de la côte. Les premières sont assez mal connues, faute de fouilles stratigraphiques. La plus au Nord, celle de Carchi, rappelle celle du haut plateau de Túquerres (Colombie) qui a été attribuée aux anciens Pasto. Au centre, le groupe appelé Tungurahua-Chimborazo a connu plusieurs périodes d'occupation, mais même la plus ancienne ne paraît pas très reculée. La céramique de cette région est plutôt simple avec un décor incisé ou peint de caractère géométrique. Enfin dans le Sud, le groupe Cañar-Azuay est avant tout d'influence inca. La poterie peinte en rouge sur fond crème appelée Cerro Narrío, qu'on trouve dans le sud des Andes équatoriennes, est antérieure à l'occupation incasique.

La région de la côte est stylistiquement tout à fait différente. Des fouilles systématiques ont permis d'y établir des séquences de civilisations. Les plus anciennes civilisations formatives sont celles de Valdivia et Machalilla, qui remontent aux deux derniers millénaires avant notre ère. Les figurines anthropomorphes modelées de Valdivia ont une abondante chevelure retombant symétriquement sur les épaules. Les vases sont décorés de gravures ou de larges incisions. À la fin de la période formative, apparaît un style dit Chorrera qui semble s'être étendu sur toute la côte de l'Équateur. Il se manifeste entre autres dans des céramiques anthropomorphes pleines ou creuses d'un style appelé Mate. Ces dernières se rapprochent des figurines trouvées en abondance à Esmeraldas et à Manabí, provinces situées plus au Nord et qui ont livré des terres cuites de toutes sortes : têtes humaines avec déformation crânienne, modèles de maison, objets d'usage domestique tels que des râpes à manioc avec incrustations de fragments d'obsidienne. En outre la pierre a été travaillée dans la province de Manabí où l'on a découvert des reliefs et des sièges en forme d'U reposant sur des personnages accroupis.

Sur toute la côte de l'Équateur, on relève des influences venant de la zone mésoaméricaine, du Pérou et du delta de l'Amazone. Elles apparaissent dès les époques les plus anciennes, et se poursuivent, sans interruption en ce qui concerne les influences mexicaines, jusqu'à la conquête, ce qui indique des relations suivies, par cabotage probablement, entre les deux pays.

Chapitre IV

IRRADIATIONS DES GRANDES CIVILISATIONS

I. – Sud-Ouest des États-Unis

Civilisations Anasazi et Pueblo. – Les grandes civilisations sont, nous l'avons vu, cantonnées dans certaines zones, telles que la Mésoamérique et les régions andines. Mais ceci n'exclut nullement l'existence à l'époque précolombienne de populations importantes dans d'autres régions du continent.

Une des plus connues est celle à laquelle on doit la civilisation Anasazi, connue généralement sous le nom de Pueblo, dont le centre se trouvait dans le sud-ouest des États-Unis.

La civilisation Anasazi comprend plusieurs périodes. Les plus anciennes sont celles des « Basket Makers », ainsi nommés en raison de très nombreuses vanneries découvertes dans leurs tombes. Du point de vue anthropologique, les Basket Makers et leurs successeurs, les Pueblo forment une unité, malgré quelques diversités de détail. Mais les premiers étaient essentiellement des chasseurs sans habitation fixe, tandis que plus tard les Pueblo furent des sédentaires. Le rayon de chasse des Basket Makers s'étendait des sources du rio Grande (Colorado) jusqu'au sud de l'État de Coahuila (Mexique). Dès le début ils cultivaient le maïs et la courge, mais d'une manière très primitive. Ils se servaient du propulseur comme arme. Ensuite, ils commencèrent à faire de la poterie ; les premiers villages apparurent, l'arc et la flèche se répandirent.

La fin des Basket Makers est considérée en même temps comme le début des Pueblo. La transition se manifeste avant tout dans l'architecture. Au début les Pueblo utilisaient encore des cabanes comme lieux d'habitation, mais bientôt ils édifièrent des constructions plus importantes avec plusieurs pièces contiguës. Les murs étaient en adobes et plus tard en maçonnerie, les cabanes restaient réservées au culte.

Les Pueblo étaient sans doute influencés par leurs voisins du sud, les Mexicains. Ils se déformaient la partie postérieure du crâne, coutume qui est restée en vigueur jusqu'à l'époque moderne. La poterie s'était considérablement améliorée. Les formes en sont plus simples. Les motifs peints en noir sur fond blanc sont géométriques et probablement empruntés à la vannerie, ainsi que la poterie faite de rubans d'argile montés en spirale et pincés à intervalles réguliers. Des figurations anthropomorphes n'apparaissent avec abondance que dans une deuxième période. Mais, dès la fin de la première que nous pouvons appeler de formation, tous les traits caractéristiques de la civilisation Pueblo étaient déjà acquis.

La période suivante est l'époque classique connue également sous le nom de « cliff dwellers », pendant laquelle furent construits les abris sous roche les plus fameux, Mesaverde et autres. Les plus grands de ces abris ne comptaient pas moins de cinq cents logements et vingt-cinq kivas. Le kiva est à la fois un atelier de travail et un temple. Les villages ainsi conçus pouvaient être considérés comme d'excellentes bases de défense contre les ennemis. Toutefois, dans certaines régions, on continuait à construire des maisons individuelles. La période classique commença vers 1050 et dura jusqu'à la fin du XIIIe siècle approximativement.

La poterie atteignit un nouvel apogée avec une décoration plus recherchée. On rencontre des motifs en noir sur blanc plus fréquemment qu'en noir sur orange. Les tissus de coton, peu connus auparavant, accusent beaucoup de progrès.

Il semble établi que cet apogée, sensible dans la vie matérielle, s'est reflété dans la vie sociale. On peut supposer que la vie communale jouait un rôle prépondérant et que le système du gouvernement était avant tout démocratique.

La période suivante est caractérisée par une régression du territoire occupé par les Pueblo. Il semble que ce recul soit dû à une poussée de tribus nomades (Shoshones et autres), attirées par les étonnantes constructions Pueblo. De nouveaux villages furent construits à partir de 1300 le long du rio Grande et du Little Colorado.

Dans la céramique, le décor multicolore devient plus fréquent, par contre la poterie de rubans d'argile montés en spirale des périodes précédentes disparaît complètement.

L'arrivée des Espagnols en 1540 n'a pas fait disparaître cette civilisation comme cela s'est produit dans presque toutes les autres parties du nouveau continent. Les Pueblo modernes continuent à vivre dans les habitations sous roche. La poterie, bien qu'influencée par les apports des Espagnols, s'inspire des formes et techniques anciennes. Malgré la perte de leur indépendance, les Pueblo se conforment toujours aux anciennes traditions autochtones.

II. – Andes méridionales (Argentine et Chili)

L'apparition de la céramique est plus tardive dans ces régions que dans la plupart des autres pays (env. 200 av. J.-C.). L'évolution qui se produit ensuite semble, d'après les résultats des dernières fouilles, pouvoir être divisée en 4 étapes : 1° ancienne (– 200/+ 700), 2° moyenne (700/1000), 3° tardive (1000/1450), 4° inca (1450/1550). Dans cette dernière période, les rapports avec les civilisations du Pérou sont particulièrement manifestes. Mais, depuis longtemps, les civilisations des Andes méridionales de l'Argentine et du Chili s'appuyaient plus ou moins sur celles de leurs voisins, de la même manière que les Pueblo du Nouveau-Mexique ont été influencés par les Mexicains.

Plusieurs civilisations se sont pourtant développées localement sans influence apparente. Une des plus importantes est celle des Diaguites dans la vallée de Calchaquí (à l'est de Tucumán). Les Diaguites habitaient des villages aux rues étroites le long desquelles s'alignaient des maisons rectangulaires ou circulaires. Au point le plus élevé de l'agglomération se dressait un fort. Les terrains de culture étaient aménagés en terrasses à soubassement de pierre, et irrigués par un réseau de canaux très développé.

Ce qui caractérise le plus cette civilisation, ce sont les cimetières d'enfants où l'on trouve d'innombrables urnes funéraires ; elles ont généralement deux anses du côté de la panse qui est relativement basse. Le col par contre est très haut et légèrement évasé. Elles portent souvent une face en léger relief et des motifs anthropomorphes et géométriques qui sont toujours peints en noir et rouge sur fond clair (fig. 17).

Civilisation Diaguite. – La civilisation des Diaguites est probablement contemporaine de Tiahuanaco. Celle qu'on désigne sous le nom de Barreales est sans doute plus ancienne. Un motif caractéristique de félin en forme de dragon a fourni le nom de dragonien au style Barreales. Le matériel de cette culture comprend des pointes de flèche, des mortiers et des bols taillés dans la pierre, des pipes et des figurines anthropomorphes en céramique, ainsi que des objets d'or et de cuivre, des flûtes, des spatules et des fusaioles en os.

Fig. 17. — Urne funéraire
Civilisation diaguite

Civilisation Atacameño. – Au Chili, le Nord se distingue nettement de la région centrale. Le désert d'Atacama a produit une civilisation qu'on désigne souvent du nom de son oasis principale Calama, et qui comprenait de grandes parties des provinces septentrionales de Tacna, Arica, Tarapaca, Antofagasta et Atacama. Dans la céramique les bols ouverts, les vases en forme de sabot et les vases globulaires avec ou sans anse abondent. Des objets taillés en bois ne sont pas rares, surtout les tablettes sur lesquelles on préparait du tabac ou ñopo à priser. Des tombes de type Tiahuanaco ont été trouvées sur territoire atacameño. Toutefois, il serait prématuré de dater cette civilisation, sur laquelle des travaux scientifiques n'ont pas encore été faits.

Une civilisation préatacameño a peut-être existé à Pichalo (côte nord). Elle aurait eu des similitudes avec celle des premiers agriculteurs du Pérou, mais aucune décoration du type Chavín n'y a été découverte.

Chapitre V

LES CIVILISATIONS AMAZONIENNES

Les civilisations amazoniennes, malgré leur parenté avec certains des grands groupes culturels que nous avons décrits précédemment, doivent être traitées à part. Dans l'état actuel des recherches, on distingue quatre styles, chacun cantonné dans une région différente. Toutefois, il semble que le genre de vie de toutes les populations était identique, que ce fût à Marajó, dans les régions du sud-est, à Santarem ou sur le Moyen-Amazone. Agriculteurs avant tout, les Amazoniens vivaient également de la chasse et de la pêche.

La céramique était particulièrement développée. Sa haute qualité en même temps que la quantité d'objets trouvés font penser que les communautés étaient importantes.

La chronologie n'est pas encore établie. Toutefois la poterie de Marajó a été fabriquée jusqu'au XVIIe siècle, si l'on en croit les chroniqueurs. La durée de cette civilisation, sans doute la plus importante d'Amazonie, fut relativement longue. Il en subsiste plus d'une centaine de monticules dont quelques-uns ont été fouillés et qui ont livré des urnes funéraires très belles et d'une taille parfois imposante, et des fragments de poterie décorée.

Cette décoration est très riche et caractéristique. Les surfaces sont entièrement couvertes de motifs gravés, incisés, peints ou en champlevé. Parmi les formes, très variées, on peut citer des urnes largement ouvertes ou une sorte d'amphore ou bien des bols et des vases anthropomorphes. Selon certains spécialistes, la décoration évoque parfois des motifs centro-américains.

Un style apparenté a été retrouvé sur le Moyen-Amazone, à l'embouchure du rio Madeira et sur le rio Napo en Équateur. La poterie des tribus actuelles du Haut-Amazone conserve dans un certain sens la tradition de Marajó. Il n'est d'ailleurs pas étonnant que l'Amazone ait servi de route pour l'interpénétration des styles.

La céramique de Santarem (à proximité du confluent Tapajoz-Amazone) est très différente de celle de Marajó. Elle se caractérise par son goût pour des formes excentriques. Son style peut être considéré comme le plus baroque d'Amérique du Sud. On a évoqué parfois une parenté avec Recuay (Andes péruviennes), sans que cela fût très convaincant.

La céramique de la zone nord-est, et avant tout celle de Maraca, a quelques liens avec Santarem ; toutefois le style de certaines urnes se retrouve au Venezuela, région qui appartient stylistiquement à l'aire circumcaribe.

L'archéologie Tupi de la région de Rio de Janeiro ne semble avoir que des rapports lointains avec les civilisations amazoniennes : mais faute de fouilles suivies on ne peut la classer définitivement. Là aussi, les populations, dont la principale occupation était l'agriculture, étaient sédentaires.

CONCLUSION

Nous avons essayé de tracer un tableau des principales civilisations qui ont existé sur le continent américain. Beaucoup d'entre elles avaient disparu avant l'arrivée des Espagnols. D'autres, par contre, étaient en plein essor. Leur effondrement rapide fut d'autant plus surprenant que le nombre des conquistadors était extrêmement réduit.

L'introduction du cheval qui avait disparu du continent à l'époque préhistorique et des armes à feu, la suppression brutale de coutumes et de croyances anciennes au profit d'une religion et d'un mode de vie incompréhensibles pour les autochtones peuvent expliquer la défaite de ces derniers. Le choc fut tellement brutal que l'ancienne grandeur ne survit que dans de rares vestiges des traditions locales. Quelques dizaines d'années à peine suffirent pour éteindre des traditions millénaires.

BIBLIOGRAPHIE

Baudez (Claude F.) et Becquelin (Pierre), *Les Mayas,* L'Univers des Formes, Paris, Gallimard, 1984.

Bernal (Ignacio) et Simoni-Abbat (Mireille), *Le Mexique, des origines aux Aztèques,* L'Univers des Formes, Paris, Gallimard, 1986.

Coe (Michael), *Les premiers Mexicains : Olmèques, Toltèques, Aztèques,* Paris, A. Colin, 1985.

Coe (Michael D.), *Mexico, Ancient peoples and places,* Londres, Thames and Hudson, 1984.

– *The Maya. Ancient peoples and places,* Mexico, Éd. Lara, 1966.

Handbook of Middle American Indians, 16 tomes, Austin, University of Texas Press, 1964-1976.

Handbook of North American Indians, 15 tomes, Smithsonian Institution, Washington, 1978 à 1990.

Handbook of South American Indians, Smithsonian Institution, Bureau of American Ethnology, Bulletin 143, 7 vol. et index, Washington, 1946 à 1959.

Lavallée (Danièle) et Lumbreras (Luis), *Les Andes, de la Préhistoire aux Incas,* L'Univers des Formes, Paris, Gallimard, 1985.

Lehmann (Henri), *Les céramiques précolombiennes,* coll. « L'Œil du Connaisseur », Paris, Presses Universitaires de France, éd. 1959.

– *Architecture et sculpture,* t. I, chap. Ier : « L'Amérique précolombienne », coll. « Encyclopédie générale de l'Homme », Paris, Éd. Fernand Nathan, 1970.

Lumbreras (Luis), *The peoples and cultures of Ancient Peru,* Washington, Smithsonian Institution Press, 1979.

Marquina (Ignacio), *Arquitectura prehispánica,* 2e éd., Mexico, Instituto Nacional de Antropologia e Historia, 1990.

Metraux (Alfred), *Les Incas,* coll. « Le Temps qui court », Paris, Éd. du Seuil, 1962.

Simoni-Abbat (Mireille), *Les Aztèques,* coll. « Le Temps qui court », Éd. du Seuil, 1976.

Soustelle (Jacques), *La pensée cosmologique des anciens Mexicains,* Paris, Éd. Hermann & Cie, 1940.

– *La vie quotidienne des Aztèques à la veille de la conquête espagnole,* Paris, Éd. Hachette, 1955.

– *Les Aztèques,* Paris Presses Universitaires de France, 1970.

Taladoire (Éric) et Faugère-Kalfon (Brigitte), Archéologie et art précolombien : la Mésoamérique, *Manuels de l'École du Louvre,* Paris, École du Louvre, Réunion des musées nationaux, La Documentation française, 1995.

TABLE DES MATIÈRES

Imprimé en France
Imprimerie des Presses Universitaires de France
73, avenue Ronsard, 41100 Vendôme
Mai 2001 — N° 48 153